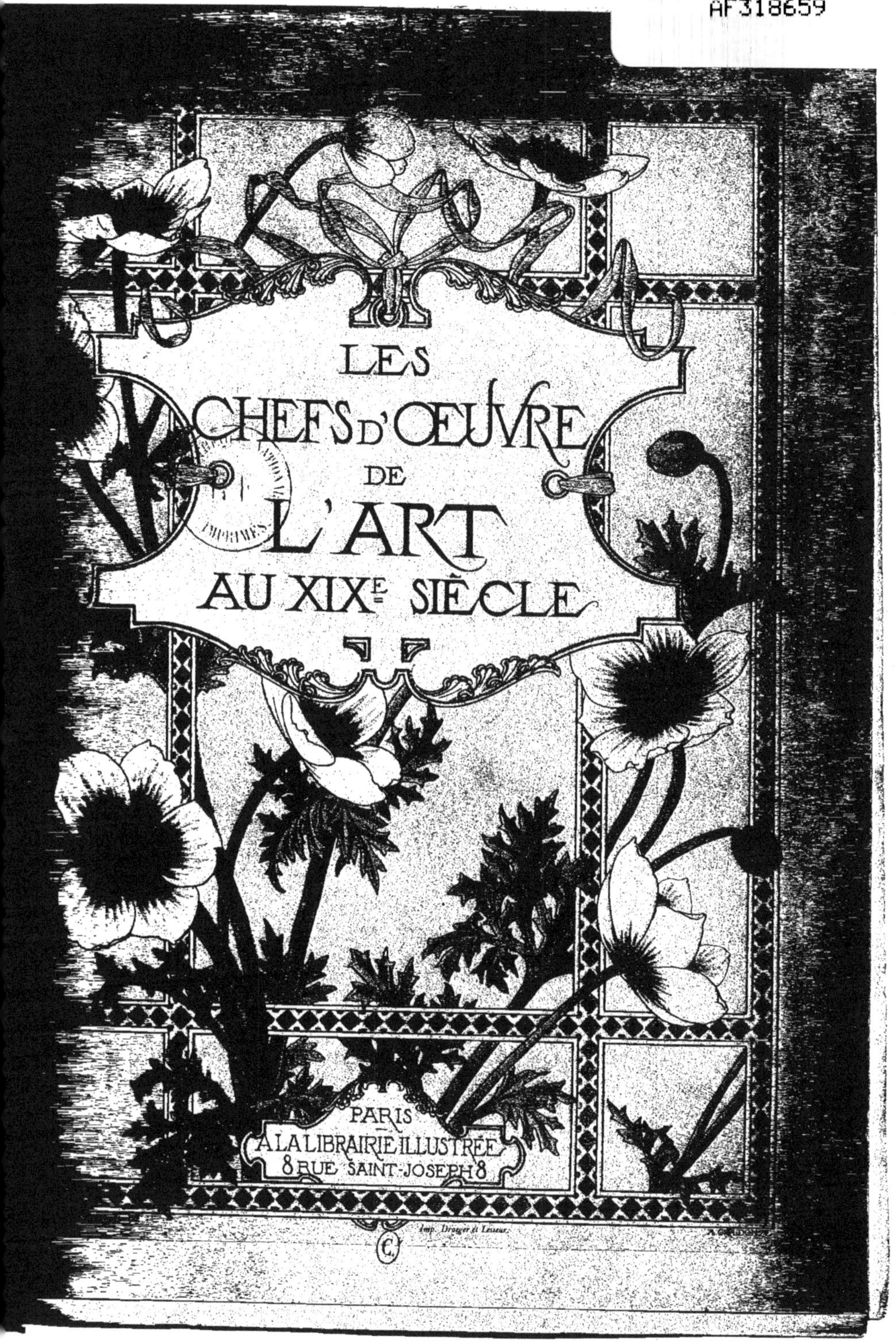

LES CHEFS D'ŒUVRE DE L'ART AU XIXᵉ SIÈCLE

PARIS

A LA LIBRAIRIE ILLUSTRÉE

8 RUE SAINT-JOSEPH 8

Imp. Droseer et Lesieur

LES CHEFS-D'OEUVRE

DE

L'ART AU XIXe SIÈCLE

L'École française

DE DELACROIX A REGNAULT

LES CHEFS-D'ŒUVRE

DE

L'ART AU XIXe SIÈCLE

OUVRAGE DE GRAND LUXE

L'ÉCOLE FRANÇAISE, DE DAVID A DELACROIX

Par ANDRÉ MICHEL

Un beau volume in-4º. — Prix . . . . 20 francs.

L'ÉCOLE FRANÇAISE, DE DELACROIX A H. REGNAULT

Par ALFRED DE LOSTALOT

Un beau volume in-4º. — Prix . . . . 20 francs.

LA PEINTURE FRANÇAISE ACTUELLE

Par PAUL LEFORT

Un beau volume in-4º. — Prix . . . . 20 francs.

LES ÉCOLES ÉTRANGÈRES AU XIXe SIÈCLE

Par T. DE WYZEWA

Un beau volume in-4º. — Prix . . . . 20 francs.

LA SCULPTURE ET LA GRAVURE EN FRANCE AU XIXe SIÈCLE

Par LOUIS GONSE

Un beau volume in-4º. — Prix . . . . 20 francs.

Sceaux. — Imprimerie Charaire et fils.

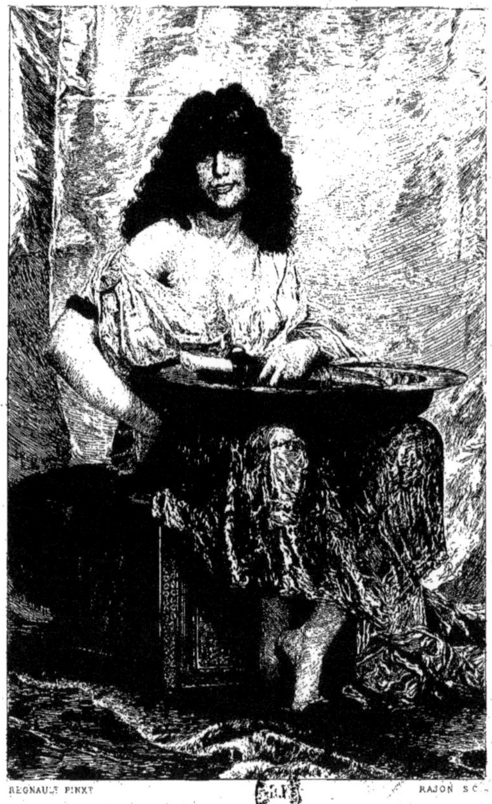

SALOMÉ

Imp. Tancur. Paris

LES CHEFS-D'ŒUVRE

DE

L'ART AU XIXe SIÈCLE

L'École française

DE DELACROIX A REGNAULT

PAR

ALFRED DE LOSTALOT

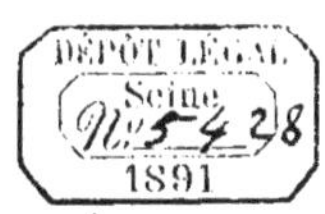

PARIS

A LA LIBRAIRIE ILLUSTRÉE

8, RUE SAINT-JOSEPH, 8

LES

CHEFS-D'ŒUVRE DE L'ART

AU XIXe SIÈCLE

L'ÉCOLE FRANÇAISE DE DELACROIX A REGNAULT

LE PAYSAGE NATURALISTE

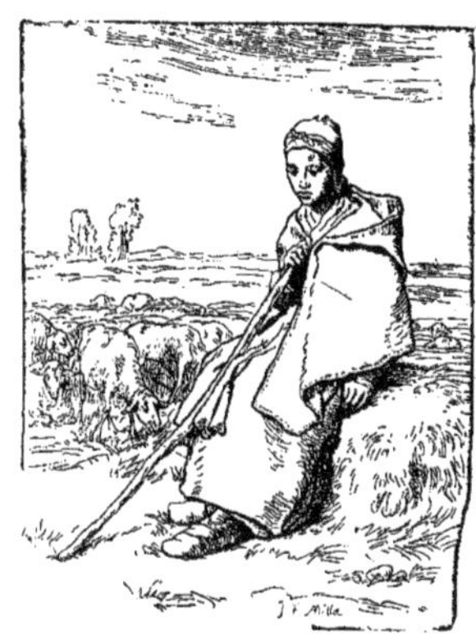

JEUNE BERGÈRE, D'APRÈS J.-F. MILLET.

C'est à l'École du paysage qui prit naissance aux alentours de 1830 que la peinture française est redevable de ses gloires les plus éclatantes. La suprématie des Rousseau, des Corot et des Millet est reconnue dans le monde entier ; à peine les étrangers trouveraient-ils quelques noms à opposer, je ne dirai *pas à ces maîtres, mais aux disciples qu'ils ont formés, ou* aux maîtres de second ordre dont l'originalité moins puissante n'en a pas moins enfanté des œuvres de haute valeur : les Troyon, les Jules Dupré, les Diaz et les Daubigny.

Comme dans la peinture d'histoire, la révolution se fit au nom de *la liberté. Les paysagistes s'insurgèrent contre les lois qui les contrai-*gnaient à évoluer dans un cercle d'idées et de formules surannées

ment ne se produit pas sans engendrer quelques excès. Les peintres, condamnés par les règlements académiques à des travaux d'atelier où la littérature tenait une aussi large part que l'art proprement dit, ne purent supporter le grand air sans une certaine griserie. Et puis, tout était exaltation autour d'eux : au calme plat des hommes et des idées sous la Restauration, allait succéder l'effervescence de 1830. Le royaume des lettres était en feu, portant l'incendie autour de lui. Tout le bagage des régimes disparus, les Grecs et les Romains, les dieux de l'Olympe et leur cortège, sombrait dans la fournaise. Le jour où Racine fut décrété « un polisson », c'en était fait des classiques, écrivains ou peintres. Les continuateurs dégénérés de Claude Lorrain et de Poussin n'avaient plus qu'à désarmer.

Dans une étude consacrée à Édouard Bertin, paysagiste de talent qui serait aujourd'hui parfaitement oublié si les littérateurs ne se souvenaient qu'il a été pendant dix-sept ans directeur du *Journal des Débats*, M. Taine a défini avec sa supériorité habituelle, les divergences d'esthétique qui, un peu avant 1830, jetèrent la discorde dans le camp des paysagistes.

« Dans les terrains et la végétation, dans le ciel et dans les eaux, la génération précédente ne voyait guère qu'un ensemble savant de lignes harmonieuses, un discours parfait où de beaux mots s'assemblaient en de belles phrases, une œuvre de style dont la forme était plus précieuse que le sens. Au contraire, pour les modernes le sens est plus important que la forme; selon eux, en toute chose naturelle, la forme n'est qu'une expression, l'expression d'une vie. Or toute chose naturelle, animal, arbre, prairie ou forêt, fleuve ou mer, vallée ou montagne, a sa vie, je veux dire, ses origines, sa naissance, ses alentours anciens et récents, son histoire, ses forces intérieures qui la maintiennent ou la transforment, son travail sourd et continu, le travail par lequel elle est en train de durer, de s'achever ou de se défaire. A ce titre, elle a une âme, ou, du moins, elle semble en avoir une. Chaque site a la sienne; c'est elle que les anciens appelaient le *Genius loci ;* ses dehors traduisent son dedans, comme un visage et une atti-

autour duquel l'Académie faisait bonne garde. Ils lui opposèrent les droits imprescriptibles de la nature, méconnus et oubliés depuis près de deux siècles. Dans le principe, le mouvement révolutionnaire ne tendait à autre chose qu'à la reprise des traditions fixées par les grands maîtres hollandais du xvii⁰ siècle; ces traditions avaient sombré dans le maniérisme des peintres français du xviii⁰ et le classicisme de David venait de leur porter les derniers coups.

Le premier en date de nos révolutionnaires, Georges Michel (1763-1843) n'est, en effet, qu'un descendant de la pure race hollandaise, et c'est avec raison qu'on l'a surnommé le Ruysdaël de Montmartre. Eut-il une influence réelle sur ses contemporains? Il est permis d'en douter. Sa gloire de précurseur n'a été consacrée que de nos jours; l'honneur de l'avoir découvert revient en grande partie à la critique. De son temps personne, sinon sans doute quelques peintres qui se gardèrent bien de le dire, n'eut conscience des vérités nouvelles ou rénovées que prêchait cet apôtre dans des toiles dont la plupart ne connurent jamais les honneurs du cadre. Michel eut d'ailleurs plusieurs manières; longtemps avant de s'insurger, il vécut de la peinture au pouvoir, peignant des paysages en porcelaine où Demarne et Swebach mettaient, avec beaucoup d'esprit parfois, de petites figures. L'artiste disparaît des expositions en 1814, et l'on n'entend plus parler de lui jusqu'au jour de sa mort en 1843. Dans cette vaste lacune de trente années se place la période d'activité réelle et intelligente de Michel. Il peignit une quantité considérable d'études prises non seulement dans les environs de Montmartre où il avait fixé sa résidence, mais au bord de la mer et dans la campagne normande; peintures où l'on sent courir les frissons d'une nature vraie, bien vivante, mais un peu trop secouée, peut-être, par la fièvre dramatique dont Michel fut atteint comme la plupart de ses contemporains.

Il était naturel qu'à la période de torpeur où l'art de convention des Valenciennes, des Bidault, des Watelet, des Bertin et des Michallon, — leurs œuvres seront étudiées un peu plus loin, — avait plongé la peinture de paysage, succédât une réaction violente : un tel affranchisse-

tude manifestent une personne. On devine, à travers eux et par eux,
ce dedans profond, mouvant, infini : on y lit comme sur une physionomie, tantôt inquiète, menaçante et tragique, tantôt reposée,
bienveillante et sereine, ici morne et résignée, là-bas joyeuse et triom-
phante, ailleurs discrète, délicate et féminine, ailleurs encore
énergique et virile, mais toujours plus mystérieuse, plus imprévue,
plus *suggestive* que la physionomie humaine. Ses expressions sont
innombrables, et il y en a partout : le peintre n'a pas besoin, pour en
trouver, d'aller en pays classique ; il en rencontre à chaque pas, autour
de lui, dans l'Ile-de-France, en Beauce, en Brie, dans un étang à
Vaux-Cernay, dans un marécage des Landes, dans une file de peu-
pliers encore immobiles sous la blanche buée du matin, mais dont la
cime palpite et sourit déjà sous la première caresse du soleil, dans un
champ plat, nu, mat, où, parmi les chaumes rasés, des glaneuses se
courbent, sous un ciel brouillé par les poussières d'une longue journée chaude et par les rougeurs mourantes du soir.

« Là-dessus, dans le site le plus ordinaire et dans l'objet le plus
vulgaire, les artistes démêlaient des traits distinctifs et particuliers,
une essence propre que leurs prédécesseurs n'avaient pas vue ; ils
découvraient que la Seine est un autre fleuve que la Loire, que la mer
à Saint-Malo n'est pas la même qu'au Tréport ou à Ostende, qu'une
futaie à Fontainebleau diffère d'une futaie à Sénart, encore davantage d'une futaie dans les Ardennes ou dans le Var...

« Ne citons qu'une de leurs découvertes. Entre les diverses
essences d'arbres, les anciens maîtres ne distinguaient pas ou à peine :
Claude Lorrain et Poussin n'ont guère peint que l'arbre en général, un
être végétal indéterminé, vaguement intermédiaire entre l'olivier et le
chêne-vert, partout la même feuille ovale ou à peu près pleine, le
même feuillage, des masses de verdure toutes semblables et toutes
comprises dans le même contour uniformément dentelé. Chez les nouveaux, le chêne, le bouleau, le frêne, le peuplier, le hêtre et le tremble
sont aussi différents que dans la nature, et, dans la nature, ils diffèrent
du tout au tout, par le ton de leur peau lisse ou rugueuse, par les

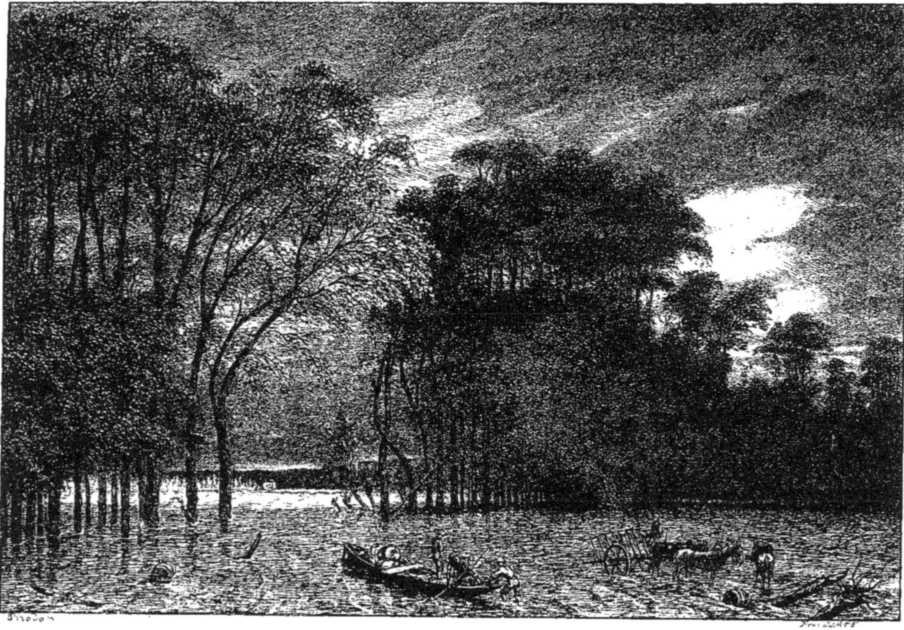

L'Inondation de Saint-Cloud, par Paul Huet.
(*Musée du Louvre.*)

cannelures, les fendillements ou les boursouflures de leur tronc, par
l'élan plus ou moins droit de leur fût, par l'angle plus ou moins ouvert
de leurs branches, par la grandeur, la découpure, la mobilité et le
luisant de leurs feuilles. A cent pas, devant un chêne et un hêtre voisins, éclairés de même et de taille égale, nous remarquions bien que
les deux figures totales sont différentes; mais, en quoi elles diffèrent,
nous ne pouvons le dire; le peintre vient et nous le dit. Il a discerné
les éléments de notre sensation optique; il sait les tons et les traits qui
pourront nous la rendre. Sur sa toile, c'est un brouillis, mais un brouillis savant, éloquent, efficace. Pour le trouver, il a noté la tache que
l'objet faisait sur sa propre rétine : quel que soit l'objet, à toute distance, à chaque heure du jour, en chaque saison de l'année, sous tout
éclairage, il a décomposé cette tache, jusque dans l'infiniment petit,
et il l'a transportée dans son tableau. »

Nous l'avons dit, le mouvement insurrectionnel qu'on a appelé le
romantisme, et auquel on rattache sans grande raison les tendances
diverses de littérateurs et d'artistes réunis seulement par une haine commune du faux goût classique, ce mouvement eut pour promoteurs,
dans le paysage, des hommes de second ordre : après Georges Michel,
ce fut le tour de Paul Huet. Dès 1822, celui-ci brandissait l'étendard de
la révolte en montrant chez les marchands de tableaux et aux expositions particulières, de fières études que la nature avait seule inspirées.
Il ne connaissait pas les peintures de Constable, on ne peut donc dire
qu'il s'en soit inspiré. Les tableaux du maître anglais ne firent leur première apparition, en France, qu'en 1824; leur influence fut d'ailleurs
considérable.

Paul Huet (1804-1869) appartenait à une famille de commerçants
ruinés par la Révolution; il naquit à Paris le 3 octobre 1804. On le
destinait à l'École normale, mais son goût l'entraînait autre part; il le
fit prévaloir à ses risques et périls sur la volonté paternelle. Ses débuts
dans la vie d'artiste furent entourés d'obstacles de toute nature. Élève
de Guérin, puis de Gros, il se vit obligé de quitter l'atelier de ce dernier faute d'argent pour payer la cotisation mensuelle. Un ami d'en-

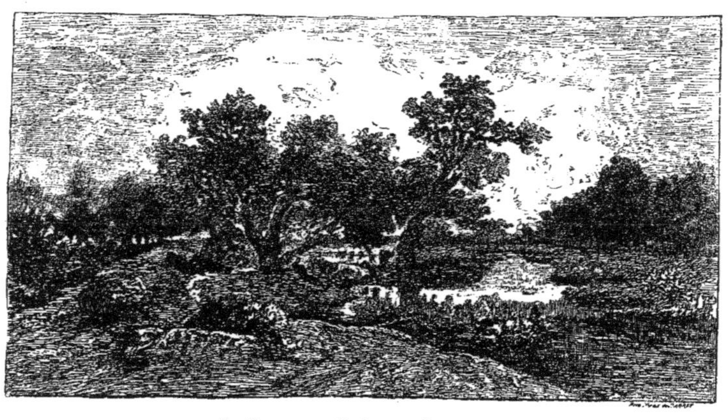

Le Matin, par Théodore Rousseau.

fance le recueillit à Sèvres : il avait alors dix-sept ans à peine. Peu de temps après il commençait à faire parler de lui ; dès 1823, une étude de paysage attirait l'attention d'Eugène Delacroix et il se liait d'amitié avec le maître qui déjà avait exposé la *Barque du Dante*. Le premier tableau de Paul Huet, un *Cavalier*, appelé encore : *Un orage à la fin du jour*, parut cette année même, dans une exposition privée, Galerie Choiseul, mais il ne fut exposé au Salon qu'en 1831. Le jeune artiste s'y montrait complètement affranchi des procédés de l'école régnante : il n'acceptait d'autre guide que l'observation devant la nature, et dans sa manière de peindre, l'émancipation s'accusait par la hardiesse de la touche et la recherche des tons vrais. Paul Huet acquit bientôt une sorte de célébrité qui lui attira les foudres du critique Delescluze, lequel menait, dans les *Débats*, la campagne contre les novateurs. Mais cette gloire naissante ne le faisait pas vivre ; il dut recourir aux bas travaux du commerce et à l'illustration des livres : un très réel talent de lithographe et d'aquafortiste l'aida à se tirer d'affaire. Il est peut-être le premier en France qui ait fait revivre le procédé de l'eau-forte oublié depuis le xviiie siècle.

Parmi ses travaux d'aquafortiste, nous citerons une très belle planche d'un mètre de hauteur, représant les *Eaux de Royat* : elle eut les honneurs d'un article de Gustave Planche dans la *Revue des Deux-Mondes*, et le duc d'Orléans, qui voyait d'un œil favorable la rénovation artistique en train de s'accomplir, chargea l'auteur de l'éducation artistique de sa jeune femme (1838).

Mais il nous faut revenir quelque peu en arrière pour citer les œuvres de peinture que Paul Huet avait exposées avant cette date. Ce sont, en 1827, une *Vue des environs de la Fère* ; en 1829, deux tableaux pour le Diorama Montesquieu : le *Château d'Arques* et une *Vue de Rouen* ; cette dernière valut à l'artiste une médaille de seconde classe, au Salon de 1833. D'ailleurs, son nom figure sur presque tous les livrets du Salon de 1827 à 1855 ; quand il n'y figure pas, c'est que le peintre est en voyage, autant pour rétablir sa santé chancelante, que pour chercher de nouveaux sujets d'étude : le midi de la France,

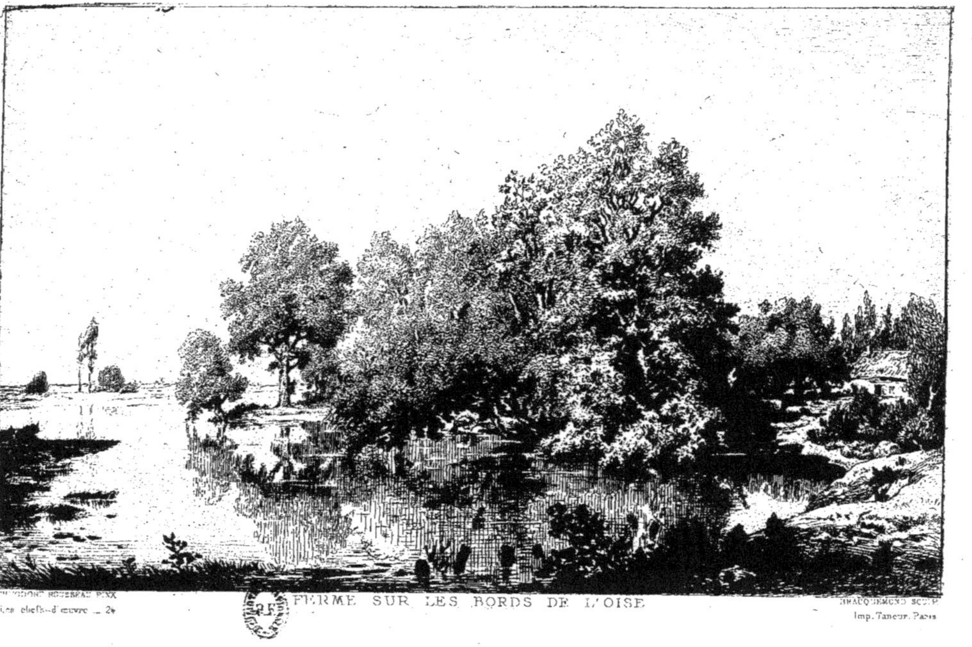

FERME SUR LES BORDS DE L'OISE

l'Auvergne, la Normandie, la Bretagne, l'Italie et la Hollande, passèrent ainsi successivement dans ses cartons, sous forme de dessins,
d'aquarelles, de sépias et d'études peintes.

L'Exposition de 1855 consacra définitivement la réputation de
Paul Huet ; il y montrait son tableau célèbre entre tous, l'*Inondation
de Saint-Cloud* qui, aujourd'hui, est au Louvre. L'Académie elle-
même ne put se soustraire à l'émotion que souleva dans le public cette
dramatique peinture, si sagement peinte, d'ailleurs ; et M. Heim alla,
dit-on, jusqu'à s'écrier : « Le paysage ainsi traité, c'est de la peinture
d'histoire. »

Paul Huet, désormais, ne passa plus pour un hérétique.

De 1855 à 1869, qui devait être la dernière année de son existence,
le vaillant artiste poursuivit avec une ardeur infatigable sa carrière
déjà si bien remplie. Nous croyons inutile de relever la liste exacte des
œuvres qui prennent rang entre ces deux dates : on y trouve notamment huit grands panneaux décoratifs exécutés pour un riche fabricant
de drap à Vire, et qui sont encore à la place pour laquelle ils ont été
faits ; des tableaux justement célèbres, comme la *Grande marée
d'équinoxe*, les *Falaises d'Houlgate*, le *Bois de la Haye*, et son
œuvre dernière, le *Laïta*, image de cette poétique vivière de Quimperlé
qui a été chantée par Brizeux.

Paul Huet mourut le 9 janvier 1869 : nous regrettons d'avoir à dire
que sa gloire de peintre ne lui a pas survécu tout entière. Le révolutionnaire de 1830 a été trop complètement l'homme de son temps pour
être l'homme du nôtre : ce fut un vrai romantique, et quoi qu'il ait
toujours gardé une certaine mesure au milieu des écarts de goût et
de passion qui signalèrent le mouvement esthétique de l'époque,
on lui reproche avec raison le caractère un peu trop théâtral de sa mise
en scène, et une certaine lourdeur dans la facture. Il n'importe, le vieux
maître peut dormir en paix ; nul n'a mieux senti ce que l'on pourrait
appeler les mouvements passionnels de la nature : la tempête, les eaux
débordées, les nuées où gronde la foudre, et la peinture qu'il en a
faite reprendra peut-être un jour, dans l'estime du public, le rang

élevé dont elle est digne. Il suffit pour cela d'un revirement d'opinion qui nous ramène un instant vers ces régions de l'idéal dont le matérialisme excessif de nos peintres actuels nous a brutalement chassés.

A côté de Paul Huet, d'autres, moins vaillants il est vrai, combattirent contre la routine classique dès les premiers engagements : Ch. de la Berge (1807-1842), qui aima la nature jusque dans ses verrues et s'acharna à la copier fidèlement : son *Soleil couchant*, du Louvre, est un prodige de volonté et de patience ; Camille Roqueplan (1800-1855), une sorte de Bonington français, moins léger, moins artiste que le charmant peintre anglais si prématurément enlevé à l'art. Camille Roqueplan avait commencé sa carrière dans l'atelier d'Abel de Pujol, un maître ultra-classique qu'il quitta bientôt pour aller suivre les leçons de Gros ; puis il entra résolument dans le mouvement romantique. « Cet éternel moulin de Watelet, dit Théophile Gautier, qui bat de sa roue une eau savonneuse au milieu d'un maigre bouquet d'arbres, ce fut Camille Roqueplan qui le démolit ; il lui opposa le moulin de Hollande à collerette de charpente, se dressant au milieu d'une plaine verte coupée de canaux et se détachant sur un de ces ciels gris, si frais, si lumineux dans leur douceur, dont il eut de suite le secret. » Roqueplan fit aussi grand bruit de son temps dans la peinture de genre : les vieux amateurs n'ont pas oublié son *Lion amoureux* et le tableau des *Cerises* inspiré de l'histoire de Jean-Jacques Rousseau avec Mlle Gallet et Mlle de Graffenried.

Le vénérable M. Louis Cabat (né en 1812), doyen de notre Institut actuel, ancien directeur de l'Académie de France à Rome, eut à son heure des velléités d'indépendance. M. Cabat a depuis fait amende honorable, mais cela ne lui a pas porté bonheur ; la postérité ne retiendra de lui que ce qu'il considère peut-être comme ses erreurs : la vue de *Ville-d'Avray*, les *Vergers normands*, et le *Jardin Beaujon* (1834), qui fit en son temps une si grande impression, et qui est resté un beau tableau et une parfaite image de vérité. Ainsi comprenaient la nature les Hollandais de la belle époque, dont l'art était fait de sincérité et d'amour.

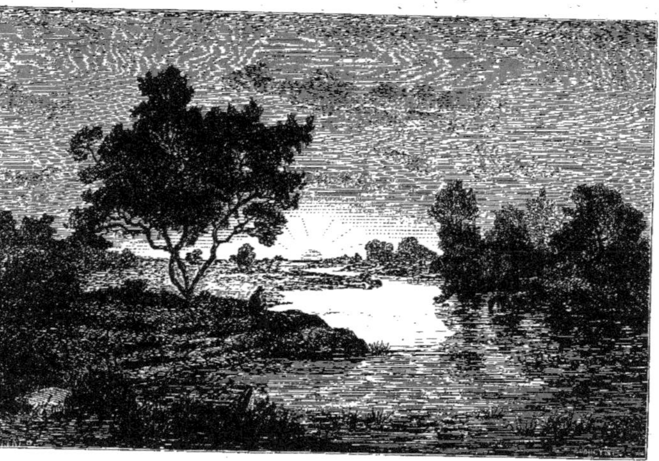

Soleil levant, par Théodore Rousseau.

Avant de citer M. Cabat, nous eussions dû parler de son maître, Camille Flers (1802-1868), le peintre, un peu timide mais si amoureux des campagnes normandes, qu'elles finirent par s'attendrir et lui confièrent leurs plus charmants secrets. Chose étrange ! ce timide, avant d'aborder la peinture, avait eu toutes les hardiesses ; sa vie est un roman d'aventures à la fois terribles et grotesques. Il débute par peindre sur porcelaine dans l'atelier de son père qui dirigeait la manufacture alors célèbre des frères Nast. Il entre chez le décorateur Cicéri, y prend le goût du théâtre, se fait applaudir dans les théâtres de société ; puis, sur un récit de voyage, il s'embarque comme cuisinier à bord d'un bateau en partance pour le Brésil, se fait embaucher par un planteur qui l'emmène dans l'intérieur des terres et le traite en esclave, revient à grand'peine à Rio de Janeiro, y peint des portraits et des enseignes, et débute au théâtre en présence de l'empereur don Pedro, dans l'emploi de danseur de caractère !

Un navire de la Compagnie des Indes le ramène en Europe, vers 1853 : le capitaine, qui l'a engagé à la fois comme marin et comme maître de danse de l'équipage, le débarque à Cadix. Là, il s'attache à la fortune d'une sorte de corsaire qui, chargé officiellement de combattre la contrebande, s'y livrait pour son propre compte. Enfin, d'aventure en aventure, il se retrouve dans l'atelier des frères Nast, peignant d'innocentes bergeries sur des assiettes de porcelaine. Désormais son amour des voyages ne l'entraînera pas plus loin que la Suisse, dont il rapporte une excellente peinture (*La Cascade de Pissevache*, 1831), et finalement il se décide à planter sa tente dans cette délicieuse vallée d'Aumance, mi-normande, mi-picarde, dont il va devenir le peintre autorisé. Camille Flers, a révélé au monde peintre la grâce des pommiers en fleurs se profilant sur notre ciel bleu tendre, moucheté de petits nuages blanc-noir. Son talent facile n'a pas enfanté de chefs-d'œuvre, mais comme il n'afficha jamais de grandes prétentions, nous le tiendrons pour un des petits maîtres les plus méritants de sa génération. Il est mort chevalier de la Légion d'honneur et très suffisamment médaillé, à Annet près Paris, le 24 juin 1868.

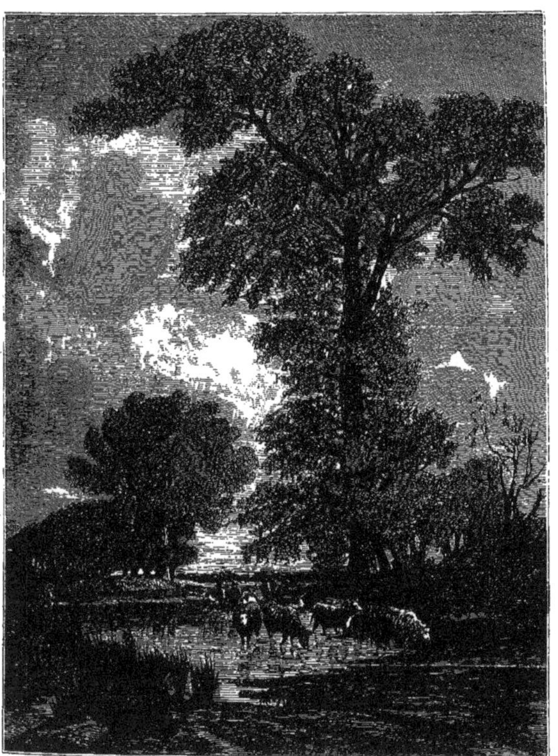

Troupeau s'abreuvant a une mare, par Jules Dupré.

Nous voici arrivé aux grandes figures d'artistes, aux maîtres reconnus du paysage contemporain, éclos à la faveur des idées nouvelles que suscita l'évolution esthétique de 1830, et qui peuvent revendiquer l'honneur d'en avoir déterminé les formules diverses dans des peintures dont la beauté n'a pas été surpassée.

L'œuvre de Théodore Rousseau (1812-1867) peut être considérée comme la plus haute expression intellectuelle de l'art issu du mouvement qui détermina le triomphe du naturalisme. Révolutionnaire, il le fut à son heure, mais il sut faire le meilleur usage de la liberté reconquise. Son ambition n'était pas de créer une religion nouvelle ; il se contenta de répudier les pratiques de ses contemporains basées sur la convention ou le mensonge, et de rétablir le culte de la nature suivant le rite qu'avaient fondé les grands paysagistes du passé. Cet esprit sagement conservateur qui éclate dans ses peintures ne le préserva nullement des persécutions acharnées des réactionnaires qui gardaient encore toutes les issues de la carrière d'artiste, les Salons et l'Institut : il fut traité par eux en paria. Il lui doit, aujourd'hui que son triomphe est assuré, les timides attaques des outranciers du naturalisme ; fruits secs de l'art pour la plupart, ceux-ci ne sauraient lui pardonner les qualités d'intelligence et d'éducation si apparentes dans son œuvre, et dont l'absence stérilise tous leurs efforts personnels.

Pierre-Étienne-Théodore Rousseau naquit à Paris le 15 avril 1812. Simple tailleur, son père jouissait cependant d'une certaine aisance, car il eut un instant l'ambition de faire de lui un polytechnicien. Le démon de l'art, qui veillait, mit de bonne heure un crayon aux mains de l'enfant et lui souffla la vocation : vers 1825, il entrait dans l'atelier du paysagiste Rémond. Le sort en était jeté, la peinture avait fait une recrue nouvelle. Deux ans plus tard, Rousseau changeait d'école ; il allait recevoir les leçons d'un maître classique alors fort recherché, et qui, d'ailleurs, n'est pas sans mérite. Guillon Lethière a, au Louvre, deux grandes toiles : la *Mort des fils de Brutus* et la *Mort de Virginie*, qui révèlent, avec beaucoup de vigueur, une réelle science du dessin et de la composition. Dans ce milieu il n'était guère question de paysage : un instant le jeune homme ambitionna de concourir pour le prix de Rome; mais comme le programme de cette année indiquait à peindre « Zénobie, femme de Rhadamiste, recueillie par des pêcheurs sur les bords de l'Araxe », il prit sa boîte à couleurs et s'enfuit dans les montagnes de l'Auvergne.

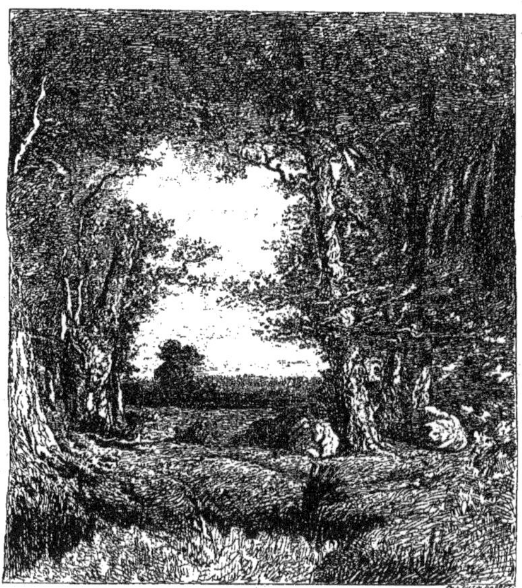

LA MÉRIDIENNE, PAR JULES DUPRÉ.

C'était le moment où un souffle de tempête secouait tous les ateliers de Paris. Géricault, après Gros, Delacroix et Ary Scheffer ébranlaient les assises de la peinture d'histoire et de genre ; Bonington, Paul Huet et Decamps assaillaient de coups répétés le paysage historique. Les chefs, on les respectait encore, car tous les insurgés étaient leurs élèves, mais on ne voulait plus les suivre. Ils avaient tenu la nature dans un servage ridicule et étroit, s'occupant mesquinement d'en voiler les beautés éternelles sous la parure de convention que lui a donnée la littérature classique ; ils déniaient à des maîtres tels que Rubens et Rembrandt le droit de servir de modèles dans l'art de peindre. Le temps était venu d'en finir avec leurs orthodoxies surannées, et d'ailleurs avec toutes les orthodoxies, car ce que réclamait l'émeute, c'était le droit pour chacun de peindre à sa guise et de mettre son idéal où chacun le trouve.

La critique, assez mal disposée dans le principe, ne tarda pas à reconnaître que les idées nouvelles reposaient sur des bases sérieuses. « Le paysage, écrivait Gustave Planche en 1831, prétend désormais à une poésie haute, vague, mais réelle et pleine de nature. » C'était définir en quelques mots heureux l'essence même de l'art nouveau. Nulle poésie n'est plus haute que celle de la nature quand on sait l'interroger et transcrire son langage ; poésie vague, sans doute, mais autrement suggestive dans son indécision que les artifices littéraires dont on l'entourait jusque-là, sous prétexte de la rendre plus explicite.

Rousseau, sans se préoccuper de ce que pensait la critique de son temps, poursuivait ses études. Dessinant plus encore qu'il ne peignait, il parcourut l'Auvergne et la Normandie. Sa première apparition au Salon, en 1831, se fit avec un paysage d'Auvergne qui passa inaperçu. Les années suivantes, il alla peindre aux environs de Paris de magnifiques tableaux panoramiques pris des terrasses de Bellevue et de Saint-Cloud. Enfin, la forêt de Fontainebleau, à peine connue à cette époque, et qui lui doit en grande partie sa renommée artistique, reçut sa première visite.

Le succès, pour Théodore Rousseau, date de 1834 ; en cette année-là, il obtint au Salon une troisième médaille avec une *Lisière de bois coupé, forêt de Compiègne*, qui fut achetée par le duc d'Orléans. Cette aventure déchaîna contre lui les fureurs de l'Académie ; tant qu'il était obscur, les paysagistes, ses confrères, avaient fermé les yeux sur les audaces de sa peinture ; mais, du moment où la haute clientèle semblait les approuver, ils jugèrent qu'il n'était que temps de le frapper d'hérésie en lui fermant impitoyablement les portes du Temple. Le Salon ne devait plus se rouvrir pour Théodore Rousseau que quatorze ans plus tard, à la faveur de la Révolution de 1848, qui balaya les coteries de l'Institut... avec beaucoup d'autres choses.

Entre temps, Rousseau accumulait les chefs-d'œuvre ; nous jugeons inutile de les désigner par leur nom. Les titres des paysages n'évoquent guère les souvenirs du lecteur, sauf certains souvent cités en raison de l'importance exceptionnelle des œuvres auxquelles ils sont attachés. Tels seraient, par exemple, dans l'œuvre de Rousseau : la *Métairie aux bords de l'Oise*, le *Chêne du Roi* et le *Givre*. Rousseau, au plus fort de sa renommée, ne se préoccupait guère de tirer profit de son talent, aussi ne s'enrichissait-il pas. Très fier, plus modeste encore, il refusait de vendre aux marchands les toiles qui le satisfaisaient incomplètement, et les riches amateurs, qui seuls auraient pu mettre un prix raisonnable à ses œuvres d'importance, n'osaient s'aventurer chez un peintre honni du Salon et que l'État semblait ignorer. De cette période de labeur incessant et de pauvreté, date une grande peinture, *Descente des vaches dans les montagnes du Jura*, qu'Ary Scheffer lui acheta mille francs, et la fameuse *Allée des Châtaigniers*, peinte en Vendée, toutes deux refusées au Salon de 1835, à l'éternel déshonneur des académiciens du jury d'État qui prononcèrent la sentence !

D'ailleurs, l'ostracisme qui atteignait les œuvres de Rousseau, lui fut plus utile que funeste. Forcé de se renfermer dans le travail solitaire, son talent mûrit loin de l'atmosphère factice des ateliers. Les grands spectacles de la nature, pour être bien compris, demandent le recueillement et la solitude. On l'a accusé de misanthropie ; le fait est qu'il fuyait les hommes. Rarement il admit la figure humaine dans ses peintures, si ce n'est à titre de renseignement, comme étalon de grandeur ou pour donner une note particulière de coloration que la gamme des couleurs du paysage ne lui fournissait pas et qu'il jugeait indispensable à l'harmonie de son tableau.

La peinture de Rousseau est presque toujours dans les tons majeurs ; il voit la nature aux heures pleines du jour, quand les ombres

s'accusent avec franchise et que les formes se silhouettent vigoureuse-
ment sur le ciel. Ce n'est pas d'ordinaire le peintre des aubes et des
crépuscules; il ne cherche pas la représentation des tableaux poétiques
tout faits; il s'en remet à son art du soin de dégager la poésie latente
des caractères objectifs franchement accusés. Comme le grillon, il
chante au soleil, et son chant s'exalte avec les ardeurs du jour.

Puissant coloriste, Rousseau n'avait pas besoin de la couleur pour
rendre sa pensée; le dessin lui suffisait. Il eut au plus haut degré le
sentiment des valeurs, et c'est ce qui donne à la moindre de ses
œuvres une grande force lumineuse; qu'il emploie la plume, le
crayon, le bistre, la terre de momie ou tout autre mode de peinture
monochrome, l'œuvre vit et parle comme si les moindres nuances du
ton local y étaient scrupuleusement rendues. Dans les derniers temps
de sa vie, cette maîtrise absolue du dessin l'avait absolument conquis
et il songeait à abandonner la peinture proprement dite. Il la considérait comme une superfétation, sinon comme un mensonge, car c'est
elle, en réalité, qui travestit le plus la vérité.

Son savoir du dessin n'avait d'égal que son habileté; il voyait le
« tableau à faire » avec une extraordinaire sûreté de coup d'œil.
Aucun maître ne fut plus apte que lui à donner d'excellents conseils;
on en jugera d'après ceux que renferme la lettre suivante, écrite par
un de ses anciens élèves, L. Letronne, à Philippe Burty[1] : « La première étude que je lui montrai ne fut pas jugée bonne. Il m'expliqua
que le dessin ne consistait pas seulement dans l'exactitude des silhouettes; qu'un arbre n'était pas « un espalier » : qu'il y avait « un
« volume », comme les terrains, l'eau, l'espace; que la toile seule était
plate; qu'il fallait s'empresser, dès le premier coup de brosse, de faire
disparaître cette uniformité. « Vos arbres doivent tenir au terrain, vos
« branches doivent venir en avant ou s'enfoncer dans la toile; le spec-
« tateur doit penser qu'il pourrait faire le tour de votre arbre. Enfin, la
« forme est la première chose à observer. Pour la rendre, votre pinceau
« doit suivre le sens des objets qu'il peint. Aucune touche ne doit être

---

1. Voir *Gazette des Beaux-Arts*, 1re période, t. XXIV, p. 316.

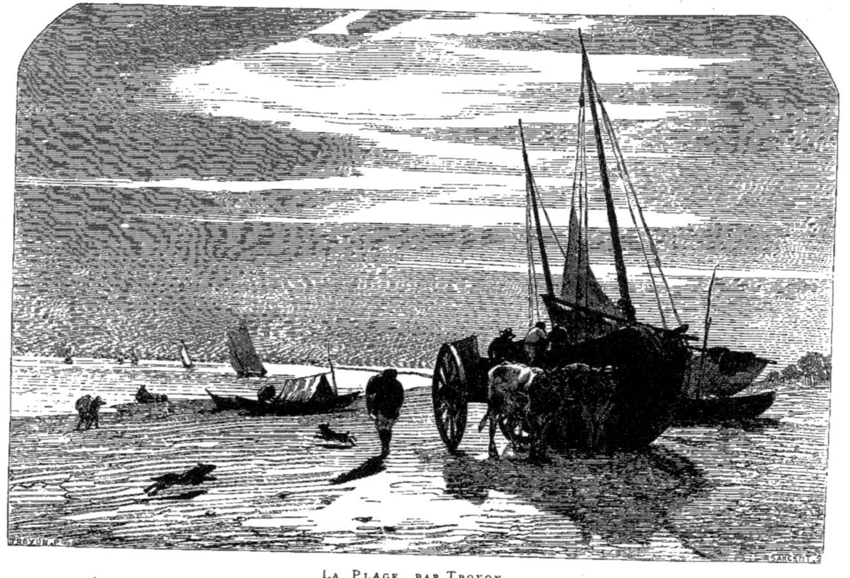

La Plage, par Troyon.

« mise à plat ; elle doit toujours compter dans l'ensemble et exprimer
« quelque chose. » Il insista toujours sur ces principes et ne me parla
que très peu de la couleur. Un jour, il me dit : « Vous pensiez peut-
« être, qu'en venant chez un coloriste, vous seriez dispensé de dessiner ? »

« Après lui avoir présenté une autre étude, il me fit observer
qu'une pochade n'avait aucune raison d'être comme étude, que c'était
un à-peu-près qui pourrait conduire à une certaine adresse de pinceau, adresse qui viendrait toujours assez tôt. Là-dessus, je promis de
finir davantage. « Entendons-nous sur ce mot « finir » : ce qui finit
« un tableau, ce n'est point la quantité des détails, c'est la justesse de
« l'ensemble. Un tableau n'est pas seulement limité par le cadre. N'im-
« porte dans quel sujet, il y a un objet principal sur lequel vos yeux se
« reposent continuellement ; les autres objets n'en sont que le complé-
« ment ; ils vous intéressent moins ; après cela, il n'y a plus rien pour
« votre œil ; voilà la vraie limite du tableau. Cet objet principal devra
« aussi frapper celui qui regarde votre œuvre. Il faut donc toujours y
« revenir, affirmer de plus en plus sa couleur. » Il me citait certains
tableaux de maîtres à l'appui de son dire. Il me rappelait Rembrandt,
qui, plus que tout autre peintre, a compris cela. « Si, au contraire,
« ajoutait-il, votre tableau contient un détail précieux, égal d'un bout
« à l'autre de la toile, le spectateur le regardera avec indifférence. Tout
« l'intéressant également, rien ne l'intéressera. Il n'y aura pas de limites.
« Votre tableau pourra se prolonger indéfiniment. Jamais vous n'en
« aurez la fin. Jamais vous *n'aurez fini*. L'ensemble seul *finit* dans un
« tableau. Le magnifique lion de Barye, qui est aux Tuileries, a bien
« mieux tous ses poils que si le statuaire les eût faits un à un. »

« Il me citait souvent Rembrandt, Claude Lorrain, Hobbema. Pendant que je copiais un Van Goyen qu'il possédait : « Celui-ci, disait-il,
« n'a pas besoin de beaucoup de couleur pour donner l'idée de l'espace.
« A la rigueur, vous pouvez vous passer de couleur, mais vous ne pou-
« vez rien sans l'harmonie. » Un jour que je lui parlais de copier un
tableau d'Huysmans, de Malines, « il vaudrait mieux, me répondit-
« il, aller peindre à Montmartre ou à Barbizon, ce qui ne vous empê-

« cherait pas d'aller voir au Louvre comment les maîtres se sont servis de
« la nature. »

Cette dernière réflexion nous dit clairement comment Rousseau

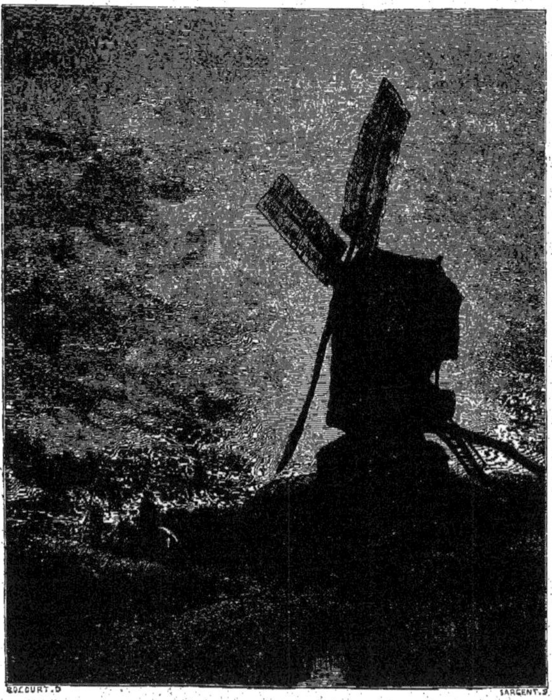

LE MOULIN, PAR TROYON.

entendait qu'on apprît le métier de peintre. Le musée, c'est le réser-
voir commun des forces acquises de la peinture ; l'artiste doit s'y
rendre pour se faire une idée critique des moyens d'expression dont

ont usé ses devanciers et pour apprendre sa langue. La nature, c'est la source de l'inspiration, la grande évocatrice des sentiments individuels; modèle d'inépuisable beauté, elle pose volontiers devant le peintre, mais celui-ci a beau s'y appliquer, il n'arrivera jamais à la copier dans la réalité de son être physique; on ne copie pas la nature comme un tableau de maître, on copie seulement l'image intellectuelle qu'on se fait d'elle. Et c'est bien là la supériorité de cet incomparable modèle de contraindre l'artiste à sortir de lui-même, à révéler l'essence intime de son organisme cérébral, son originalité en un mot. Pendant qu'on croit l'interroger, c'est elle qui interroge; malheur à ceux qui ne comprenant pas restent muets devant le sphinx; ils ne seront jamais artistes !

Il nous paraît intéressant de consigner ici quelques renseignements au sujet de la technique de Rousseau : c'est encore Ph. Burty qui va nous les fournir[1].

« C'était merveille de lui voir ébaucher un tableau. Quelquefois il traçait au crayon blanc, d'autres fois au fusain, d'autres fois encore à la terre de momie ou à l'encre de Chine, les linéaments fondamentaux de sa composition, le ciel et la terre; puis, sur cet horizon, la silhouette des arbres, puis les masses de rochers, et les pleins et les vides, les feuillages et les nuages. C'est dans l'agencement de ces lignes presque incorporelles, ou du moins sans masses qui les reliât, qu'éclatait la haute science du dessinateur. Ensuite, il accusait les masses, souvent avec du pastel, ainsi qu'on en a vu de magnifiques exemples à sa vente. Le dessin partiel venait avec les circonstances successives, comme naissent, en suivant d'insensibles gradations, l'aube, l'orage ou le soir. De là ce lien subtil et serré entre ses émotions rapides et ses concepts plus laborieux. Chaque jour, chaque heure, vous auriez pu enlever ce qui reposait sur le chevalet : le tableau y *était*. »

Nous l'avons dit, la réputation de Rousseau, son accession à une gloire véritable, datent de 1848. Ses œuvres mises au jour dans une

---

1. *Maîtres et Petits-Maîtres*, un vol. de la Bibliothèque Charpentier, 1877.

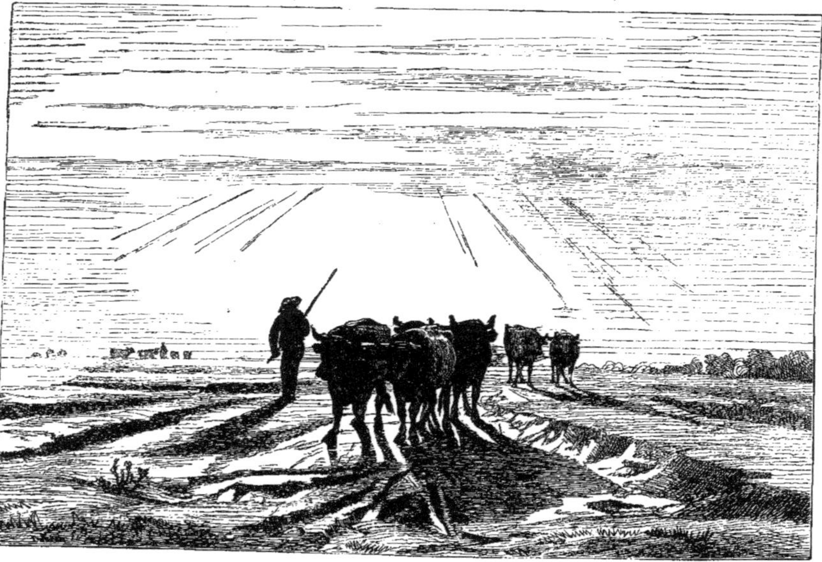

LES BŒUFS ALLANT AU LABOUR, PAR TROYON.

(Musée du Luxembourg.

exposition organisée au bazar Bonne-Nouvelle, pour la Caisse de secours des Artistes, parlèrent si haut que les détracteurs de son talent furent réduits au silence. Le jury du Salon, que la Révolution avait débarrassé de la secte académique, l'admit dans son sein comme membre supplémentaire. Le condamné devenait juge à son tour. En 1849, il remportait une médaille de 1re classe et une des trois médailles de mille francs mises par l'État à la disposition du jury. L'année 1852 lui apportait la croix de la Légion d'honneur. Croix vaillamment conquise.

A ce propos, l'on ne peut s'empêcher de sourire, quand on pense avec quelle facilité les artistes d'aujourd'hui conquièrent cette haute distinction. C'est en quelque sorte le complément forcé des privilèges que confère l'obtention du prix de Rome en peinture, et le lauréat se déclare lésé s'il n'entre pas en possession très peu de temps après avoir quitté la villa Médicis. Quant au sculpteur, il n'a même pas besoin de passer par la filière des grades universitaires : il lui suffit de fouiller les annales de sa province, d'y découvrir quelque grand homme méconnu, et de lui élever une statue. Le jour de l'inauguration officielle, il est décoré au pied du monument : cela fait partie de la cérémonie.

L'Exposition universelle de 1855 acheva de consacrer la gloire de Rousseau. Ce fut un triomphe pour ses œuvres, malgré le redoutable voisinage de Decamps qui combattait là avec ses meilleurs tableaux. Puis, il faut le reconnaître, son talent commença à décliner, ou plutôt sa main ne lui obéit plus avec la même fidélité qu'autrefois, au moins dans la peinture : jusqu'à sa dernière heure il fit des dessins d'une superbe allure.

Rousseau fut emporté par la mort le 22 décembre 1867 : il succombait aux suites d'une attaque d'apoplexie qui l'avait frappé six mois auparavant. Sa perte a creusé dans l'art français un vide que personne n'a pu combler jusqu'à ce jour.

Avant de quitter ce vaillant artiste, jetons un dernier coup d'œil sur son œuvre pour en contempler encore une fois les morceaux impérissables. Le choix est difficile en vérité, car on ne peut se résigner à

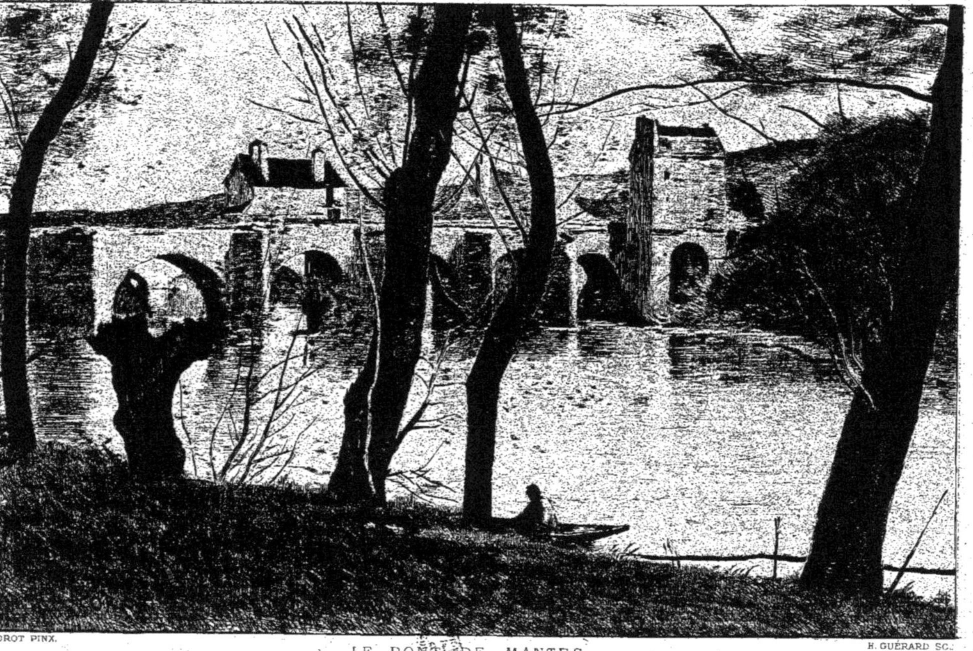

COROT PINX.

LE PONT DE MANTES

H. GUÉRARD SC.

Les chefs-d'œuvre ... 25

Imp. Taneur. Paris

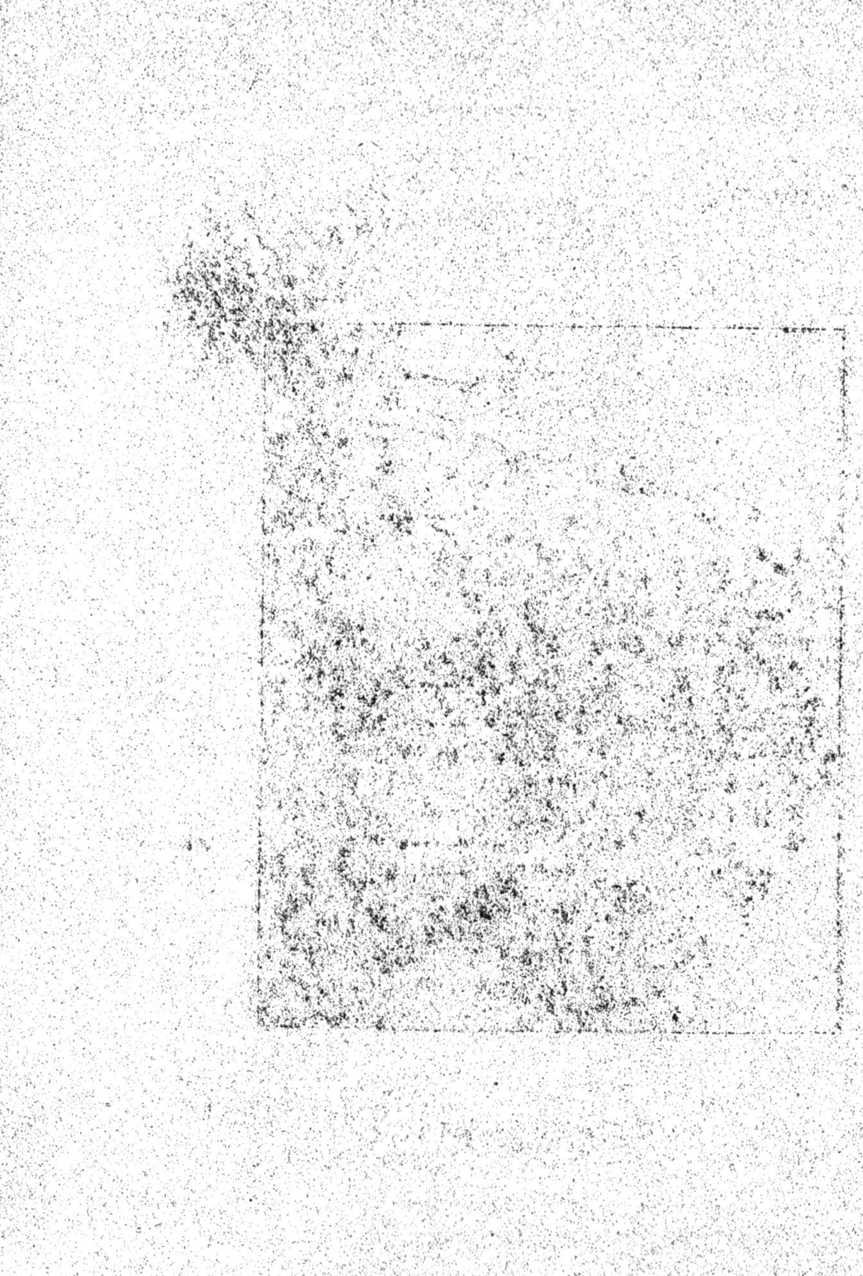

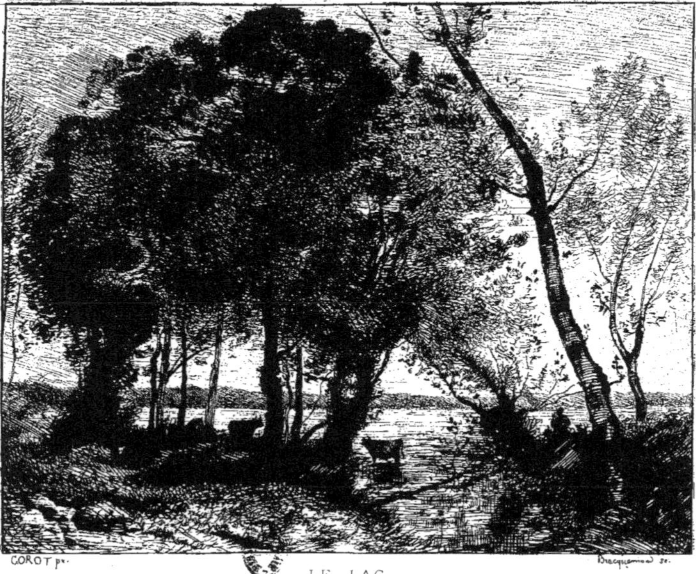

COROT p*.   Bracquemond sc.

LE LAC

Imp Tancur Paris.

tenir pour œuvres secondaires ces admirables études peintes qu'il ne voulait pas vendre, jusqu'au jour où il eut comme le pressentiment de sa fin prochaine. Achetées en un lot par un marchand, dans l'année même, dans le mois où Rousseau fut irrémédiablement frappé par la maladie, ces études, au nombre de 80, figurèrent à une exposition organisée dans la galerie du Cercle de la rue de Choiseul. Leurs dates extrêmes, 1826-1865, embrassent toute la carrière du peintre : elles témoignent hautement de l'unité de sa pensée en même temps que de l'ampleur de ses visées esthétiques et du merveilleux talent qu'il a mis à les réaliser. Il apparaît là ce qu'il fut toute sa vie, un grand artiste, épris de la nature et n'acceptant d'autre guide que l'impulsion de son génie propre. Éclos à la faveur du mouvement romantique, son art ne voulut pas en subir l'influence, non plus qu'il n'avait accepté le servage classique ; la liberté reconquise suffit à le féconder. Comme l'a écrit Ph. Burty dans la préface du catalogue de cette exposition, « personne plus que Théodore Rousseau n'a montré de persévérance et de loyauté ; personne n'a mieux aidé à dégager le terrain de ces subtilités qui sont plus lourdes et plus tenaces que celles de la scolastique du moyen âge ». Et le même écrivain ajoute : « Qui oserait aujourd'hui maintenir la fameuse distinction entre « le dessinateur et le coloriste » en face de ces tableaux où le dessin et la coloration ne se peuvent pas plus isoler l'un de l'autre qu'on ne peut arracher la peau de dessus le muscle ? » En effet, c'est le propre de Rousseau de n'appartenir à aucune école et d'avoir pris à chacune ce qu'elle avait de bon par la seule vertu de sa haute intelligence et de ses admirables facultés de peintre.

Le dernier survivant des combattants de 1830, et l'un des plus vaillants, Jules Dupré, vient de succomber à son tour, quelques mois après l'Exposition Universelle de 1889 qui avait définitivement consacré sa maîtrise.

Né à Nantes en 1812, Jules Dupré exposa pour la première fois au Salon de 1831 ; depuis cette date ce fut pour lui, jusqu'en 1867, une

succession ininterrompue de déboires ; son talent étant toujours remis
en cause toutes les fois qu'il affrontait le jury académique, il se ren-
ferma de bonne heure dans un cercle d'artistes et d'amateurs où il
trouvait au moins des encouragements et parfois un appui. D'ailleurs,
son tempérament d'artiste ne se prêtait pas aux concessions ; il fut un
des adversaires les plus implacables de l'ancienne école et jusqu'à sa
mort, il resta fidèle au romantisme pur. Sa place est auprès de
G. Michel et de Paul Huet ; il a gardé jusqu'au bout la fièvre lyrique
qu'il avait contractée à leurs côtés : rien n'a pu l'en guérir.

L'idéal de Jules Dupré est aujourd'hui passé de mode ; mais on ne
se lasse pas d'admirer la puissance des effets pittoresques que cet idéal
l'a conduit à rechercher. Il est le peintre de la nature en tourment et
des majestueux silences qui suivent les tempêtes ; ses ciels et ses mers
sont admirables de coloration et de mouvement. Il peint le phénomène
beaucoup plus que l'organe vivant ; aussi n'a-t-il jamais consenti à
s'associer aux recherches d'exactitude de l'école naturaliste. C'est un
poète qui chante dans ses peintures sans s'attarder aux minuties du
genre descriptif.

Constantin ou Constant Troyon a eu des débuts tardifs ; il ne compte
pas dans la pléiade des rénovateurs de 1830, bien que son âge lui eût
permis de figurer à leurs côtés. Fils d'un employé de la manufacture
de porcelaine de Sèvres, il naquit le 28 août 1810 : il est à remarquer
que cette manufacture a vu passer dans ses ateliers plusieurs artistes
de haute valeur : C. Flers, Raffet, Diaz y ont travaillé, sans compter
les excellents peintres miniaturistes et ornemanistes qui ont fait
leur renommée dans les travaux mêmes de la maison. Troyon fut
particulièrement lent à débrouiller son idéal ; il s'attarda plus que de
raison à des peintures minutieuses et lourdes sans aucun accent personnel : la révolution se faisait autour de lui sans troubler son âme
candide. Il continuait à étudier la nature à travers les lunettes académiques lorsqu'un jour, Camille Roqueplan le voyant peindre dans le
bois de Saint-Cloud, les lui tira violemment du nez. De ce moment,

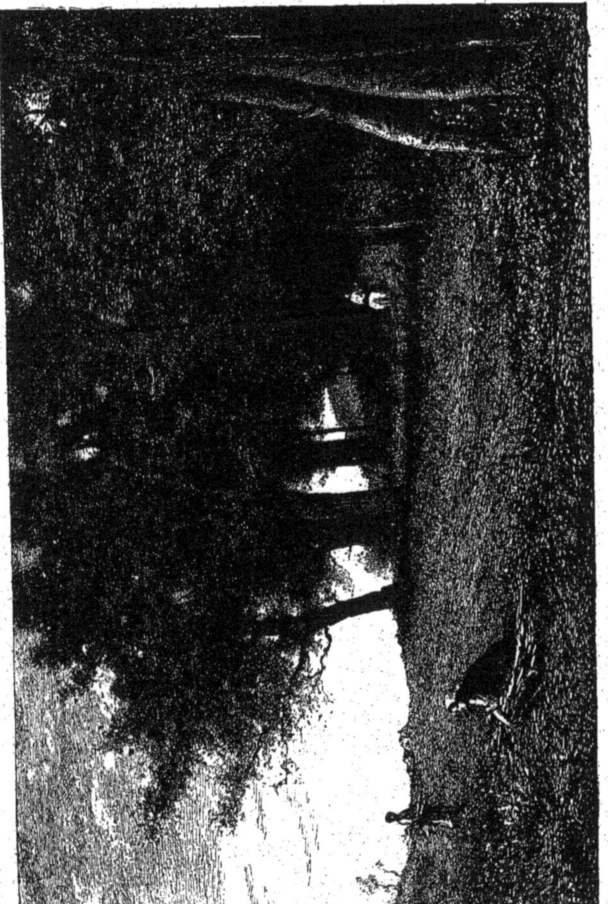

Les Bucherons, par Corot.

Troyon passa aux insurgés : il le crut du moins, mais on a la preuve dans ses peintures exposées de 1835 à 1841 qu'il ne comprit pas grand'-chose au fond des doctrines nouvelles.

Changer son métier du jour au lendemain, de la peinture lisse passer aux empâtements extrêmes, gâcher sur la toile sans rime ni raison, c'était sans doute faire acte de partisan; mais pour prendre rang parmi les chefs, il ne suffit pas d'une profession de foi. Le moment n'était pas encore venu où Troyon fournirait des gages sérieux à l'émeute. Cependant l'art des Constable, des Jules Dupré et des Rousseau avait fait une recrue importante, on ne tarda pas à s'en apercevoir.

Troyon eut pour lui la volonté d'arriver et une grande puissance de travail; il ne parvint jamais à dissimuler, sous la liberté de l'outil, son angoisse de bien faire et les efforts que sa sincérité lui imposait. Même dans ses œuvres les mieux réussies, on sent la gêne d'une nature artiste mal servie par les organes. Par contre, il a les qualités de ses défauts : sa peinture est solidement établie et, à ne considérer que les résultats, elle a produit souvent de magnifiques *tableaux.*

De 1844 à 1846, Troyon fut un hôte assidu de cette forêt de Fontainebleau qui a été la grande inspiratrice du paysage contemporain; il en rapporta d'excellents *Sous bois* qui commencèrent à asseoir sa réputation. Mais c'est dans un voyage en Hollande, accompli vers 1848, qu'il eut la révélation de la voie où il devait s'engager pour parvenir à la gloire. Paul Potter et Albert Cuyp lui donnèrent la leçon suprême, ce coup de fouet de l'âme qui met en branle les facultés sommeillantes. De ce jour, Troyon introduisit dans presque tous ses paysages l'hôte favori de la nature, celui de ses enfants qu'elle chérit le plus, et dont l'amour inconscient ne peut se passer d'elle : il peignit l'animal, et entre tous les animaux asservis par l'homme, son compagnon des rudes travaux où s'accomplit la fécondation de la terre, le bœuf.

Si Troyon a compris mieux que personne la poésie de cette lourde masse de chair, aux tons fauves d'une coloration si puissante, profilant

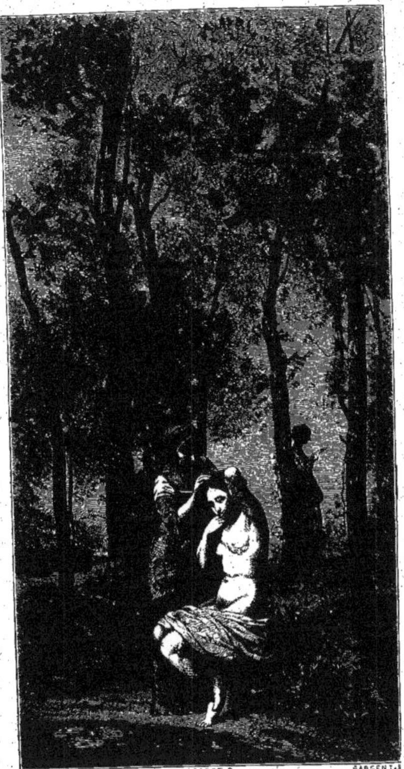

IDYLLE, PAR COROT.

une grave silhouette, presque géométrique, sur les horizons ensoleillés ou s'estompant indécis dans les brumes du matin, ce n'est pas aux anthologies grecque ou latine qu'il le doit. Il ne semble pas s'être beaucoup préoccupé de Virgile ; c'est dans les champs qu'il a appris comment le bœuf se couche : *procumbit humi bos*.

Dès 1849, Troyon rend hommage à la croyance nouvelle qu'il venait d'embrasser ; pour s'essayer à la peinture des animaux il risque des *Moutons*, portraiturés sans flatterie et très ressemblants, mais ce n'est qu'une étude : il n'ose pas encore faire participer ses nouveaux amis à de véritables scènes champêtres. A côté de cette étude il montrait dans un *Moulin*, s'éveillant aux clartés de l'aurore, que sa religion était définitivement fixée sur l'importance du milieu lumineux, comme élément de détermination de la physionomie de la nature, aux diverses heures du jour. Cette double découverte lui valut la croix de la Légion d'honneur. Il la reçut en bonne société, car cette année même on décorait Camille Flers, Jules Dupré et Raffet.

Les Salons qui suivirent marquèrent les progrès constants de Troyon dans le chemin de la vérité, avec un développement sensible de ses facultés pittoresques. Ses tableaux s'arrangent de mieux en mieux ; il acquiert le sentiment du « moment psychologique » : la nature lui révèle l'heure où elle sera parée de ses plus beaux atours, et il n'a garde de manquer au rendez-vous. En même temps, il montre une préoccupation toujours plus vive de bien rendre l'exacte conformation de ses modèles vivants ; il fouille leur anatomie au repos, il les suit dans leurs mouvements ; en même temps il cherche à se rendre compte des déformations produites par la lumière, l'éloignement et les jeux de la perspective.

C'est en 1852 que Troyon a exposé le tableau qui passe pour être son chef-d'œuvre : la *Vallée de la Touque*. Ce jugement était peut-être fondé à cette époque, il ne l'est plus aujourd'hui, ou du moins le tableau a-t-il eu beaucoup à souffrir des injures du temps. Il en est de même des *Bœufs au labour*, aujourd'hui au Louvre, qui figurèrent avec tant d'éclat à l'Exposition universelle de 1855. Ces

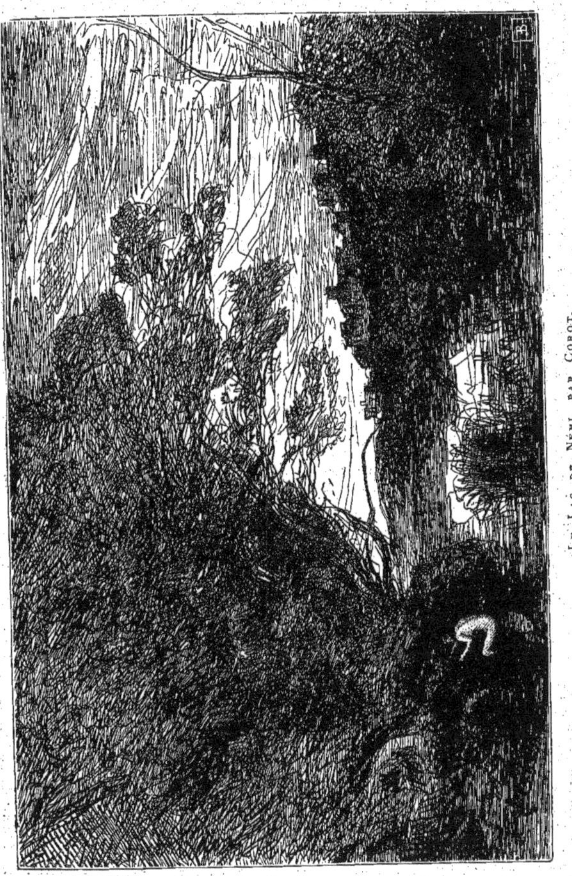

Le Lac de Némi, par Corot.

grandes toiles se sont attristées; la peinture a tourné au noir, et ce fait accentue d'un façon pénible un grand défaut qu'on se songeait guère à leur reprocher quand elles avaient toute la fraîcheur de la jeunesse : soit une certaine exagération de recherche pittoresque, un effet bizarre et trop préparé.

Troyon, dans ces toiles et dans bien d'autres, semble vouloir faire revivre une esthétique justement démodée : il nous rappelle les excès du romantisme : c'est un souvenir pénible. Le tourment de ses ciels qui semblent toujours chargés d'orages, ajoute à l'illusion.

Après l'Exposition de 1859, on ne voit plus Troyon aux Salons. Il est riche, envié de tous; l'étranger, les Anglais particulièrement, se disputent sa peinture. Son heureuse fortune, alors que les vrais maîtres, les Corot, les Rousseau et les Millet, étaient à peine appréciés de quelques connaisseurs, n'est pas pour nous étonner. Troyon, bon et solide ouvrier peintre, tourné à un idéal bourgeois, décorateur de premier ordre, affichant une force énorme, a des qualités prenantes auxquelles un public, même éclairé, ne résiste pas. Écrivant un livre d'histoire et de critique nous n'avons cependant pas le droit de le placer au rang des maîtres.

La fin de Constant Troyon a été des plus tristes; il mourut le 20 mars 1865, après avoir souffert pendant de longs mois d'une affection des centres nerveux.

Nous voici arrivés au plus grand paysagiste de ce siècle ou, pour parler plus exactement, à son plus grand artiste. Corot en effet a résumé en lui, à un degré qu'il est seul à atteindre, les qualités transcendantes qui forment la ligne de démarcation entre le génie et le talent. Il a célébré la poésie de la nature dans des pages d'une éloquence sans égale. Ses admirables synthèses du milieu où nous vivons sont déduites des seuls caractères objectifs des choses; elles relèvent exclusivement de la peinture; il n'emprunte rien aux arts voisins. S'il lui arrive de peupler ses mystérieux ombrages de personnages imaginaires, ce n'est pas une concession faite à la littéra-

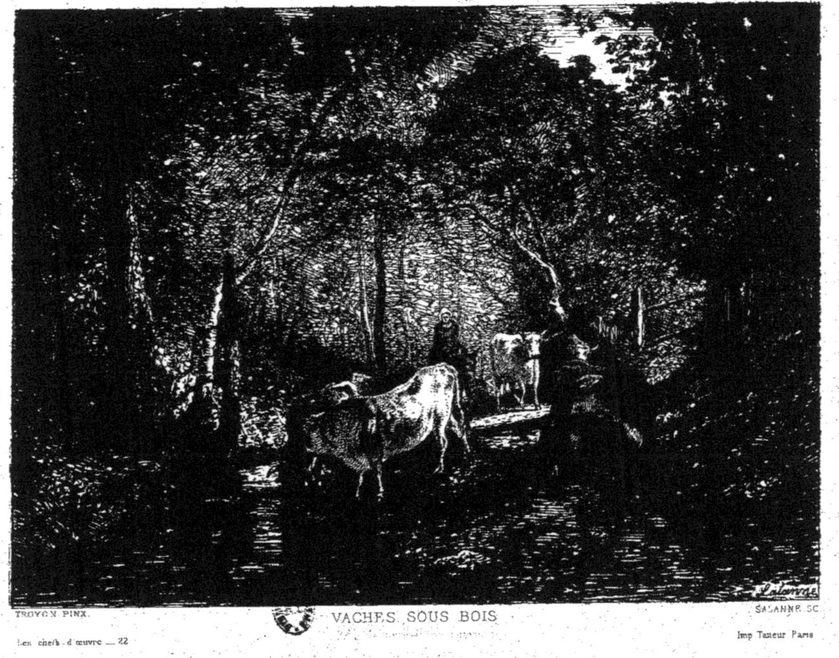

TROYON PINX.
SALANNE SC.
VACHES SOUS BOIS
Les chefs d'œuvre — 22
Imp Tasteur Paris

ture. Il peint comme il voit, en poète : ces nymphes et ces faunes dont il reproduit les ébats d'une touche si légère, il les a réellement sous les yeux quand il peint ; ce n'est pas un ressouvenir de l'esprit, c'est une illusion de la vue, le complément logique de la vision qu'il a de la nature. Sans doute, l'organisme de Corot est encore un produit de la culture classique ; c'est même le seul artiste vraiment peintre que cette culture ait enfanté ; les autres, ses contemporains et ses maîtres, n'étaient que des littérateurs égarés dans la peinture.

Corot, comme tout ce qui vit, a des attaches dans le passé : Poussin et Claude Lorrain sont ses ancêtres. Il est de notre temps par le sentiment profond qu'il a de la nature et par le respect qu'il lui témoigne. Jamais il ne ment devant elle ; pourtant il ne se croit pas obligé de lui dire toute la vérité. Il la traite en femme aimée et met toute son âme à célébrer les grâces et les beautés qu'il lui découvre. Discret et timide comme un cœur vraiment épris, il revêt son idole des voiles légers que lui prêtent les aurores et les crépuscules ou bien lui fait un manteau des paillettes d'or de la lumière. Ce qu'il aime en elle, ce sont les radiations de son teint, les harmonies sublimes de ses contours ; il la sent vivre et palpiter ; il se grise de son souffle.

Jean-Baptiste-Camille Corot naquit à Paris le 29 juillet 1796 ; il fit ses études au collège de Rouen, études assez sommaires au bout desquelles son père le plaça chez un marchand de draps. Il avait près de vingt-six ans quand sa famille, lasse de contrarier sa véritable vocation, le laissa entrer dans l'atelier de Michallon. Celui-ci était un peintre de l'ancien régime, mais déjà émancipé en grande partie des enseignements austères que l'on recevait dans l'atelier de Valenciennes. Si la mort ne l'eût surpris de très bonne heure, on aurait peut-être assisté à la conversion de Michallon au culte naturaliste de son époque, bien qu'il eût obtenu le premier prix du paysage historique en 1817.

Après la mort de Michallon dont le semblant de libéralisme l'avait sans doute tenté, Corot fit un énorme pas en arrière en allant prendre les leçons de Jean-Victor Bertin, qu'il ne faut pas confondre avec Édouard Bertin, dont nous avons dit quelques mots. Jean-Victor était un fervent adepte des traditions classiques : il ne voyait dans le paysage qu'un décor propre à encadrer les jeux de quelques bergers d'Arcadie : la campagne ne lui disait rien, si elle n'était semée de ruines antiques. Le jeune Corot passa ainsi quelques années à piocher Ovide et Virgile. Cette fréquentation des grands classiques n'a pas été d'ailleurs préjudiciable à son talent. Doué comme il l'était, il ne pouvait laisser entamer les rares facultés de peintre qu'il avait en lui, et son imagination de poète, fortifiée par ces études littéraires, lui fit placer l'idéal de la peinture dans des régions si hautes que la rhétorique de Bertin ne pouvait l'y suivre. Un voyage en Italie (1826) commença de dissiper la fâcheuse impression qu'avait pu produire l'exemple de son maître. Comme saint Paul, il vit et fut touché de la grâce ; sur le sol sacré de l'Italie il retrouvait ces ruines antiques qu'on lui avait appris à révérer, mais combien différentes des modèles qu'on lui en proposait !

Au lieu de froides architectures tracées au tire-ligne, il apercevait de nobles débris du passé dont les profils échancrés par le temps baignaient dans un océan de lumière. La nature toujours jeune autour de ces ruines, s'ingéniait à parer leur vieillesse ; elle déposait à leurs pieds des fleurs et de fraîches verdures et le soleil les réchauffait de ses caresses. Corot eut alors une vision nette des grands spectacles que les poètes antiques ont entrevus et décrits dans leurs vers ; il put se rendre compte de l'insuffisance des traductions qu'en donnaient ses contemporains, et aussitôt il prit la résolution de remonter à la source même des inspirations premières, à la nature. De ce voyage en Italie, le jeune peintre rapportait, en outre de ses inoubliables impressions, une quantité de documents précieux qu'il devait utiliser plus tard : dessins ou études peintes en Toscane et dans la campagne romaine, vues diverses, études d'arbres, de rochers, de fabriques, et aussi plusieurs copies prises dans les musées. Il s'était lié d'amitié avec le paysagiste Aligny, un retardataire encore, mais un artiste de valeur dont les conseils lui furent utiles, tout en l'encourageant à persévérer dans la tradition classique du paysage aux lignes pondérées, aux effets balancés.

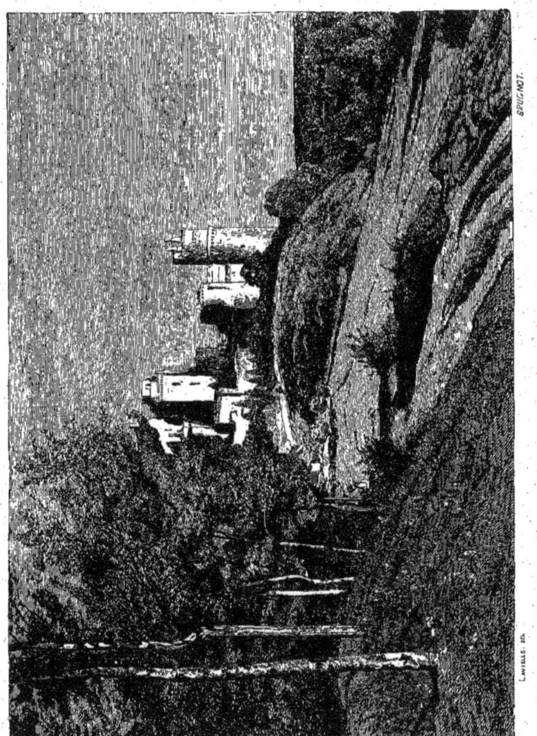

Château de Pierrefonds, par Corot.

Dans ces peintures des commencements de Corot, réside un charme particulier dont le parfum a mis de longues années à se dégager. La fascination produite par les œuvres de sa seconde manière avait empêché de rendre pleine justice aux prémices de son talent. Nous ne pouvions concevoir un Corot autre que le Corot de ces exquises idylles qui l'ont fait surnommer le Théocrite des temps modernes. Aujourd'hui tout ce qui nous vient du maître est pieusement recueilli et l'on s'aperçoit que ses œuvres de début sont des œuvres de maître. Oui ! Corot s'est révélé grand peintre dès la première heure, en dépit des Michallon, des Victor Bertin et des Aligny ; et c'est lui vraiment qui donne des leçons de style à ceux qui prétendaient le lui enseigner ! S'il ne se montra pas d'emblée le prestigieux paysagiste qu'il devait être, dans ses vues d'Italie où le principal est tenu par des constructions solides : monuments antiques, ponts, fabriques diverses, la délicatesse du travail impose déjà l'admiration ; le charme du coloris et la fermeté du dessin affirment hautement la maîtrise de l'homme ; il s'y montre à la fois peintre de race et peintre d'éducation. L'étonnement a été grand quand on a revu ces délicieuses et savantes peintures : la *Vue du Colysée*, la *Terrasse du Palais Doria*, le *Pont Saint-Ange*, que la dernière Exposition universelle nous a remis sous les yeux, et l'on ne pouvait s'empêcher de sourire en pensant à cette étrange affirmation si souvent répétée que Corot ne savait pas son métier !

Corot exposa pour la première fois, en 1827, deux paysages d'Italie qui passèrent inaperçus ; dans ces tableaux il eût été possible à un esprit prévenu de démêler certaines préoccupations étrangères aux enseignements de l'école, mais la composition d'ensemble n'accusait encore aucune velléité d'indépendance : on n'y fit pas attention ; le public et la critique avaient assez que faire de suivre le combat engagé entre les pontifes du classicisme et les chefs de file de l'insurrection romantique.

Au Salon de 1833, il obtint une médaille de seconde classe, sans réussir encore à attirer de son côté l'attention publique. Sa destinée était de ne connaître la gloire que le jour où le monde officiel cesserait

de s'occuper de lui. D'ailleurs, quelques années devaient se passer
avant qu'il ne dépouillât, dans ses tableaux achevés, les allures de

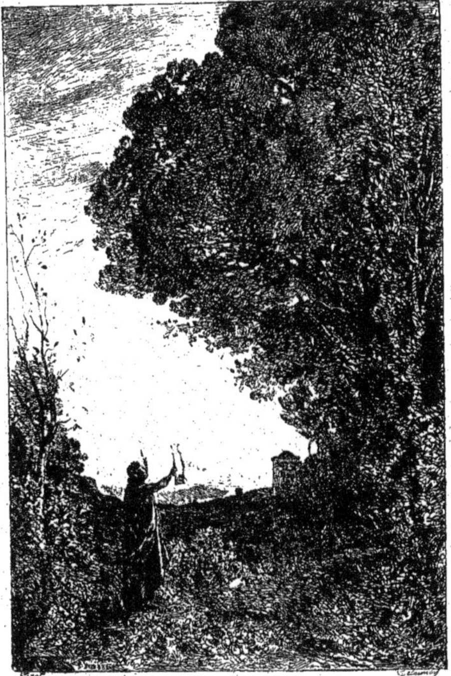

Orphée, par Corot.

vieux peintre guindé et froid qu'il tenait de ses maîtres. Déjà, au Salon
de 1837, un *Saint-Jérôme* de son fait accuse une certaine tendance à
délaisser la manière sèche et aride de Victor Bertin, mais l'émanci-

pation complète ne viendra que plus tard. Pour conquérir sa liberté et donner un plein essor à l'idéal qui le tourmente, il faut que Corot se défasse de ses souvenirs d'Italie, ou plutôt que la terre classique ne lui apparaisse plus qu'à travers le voile de l'éloignement. Plusieurs voyages dans le nord et l'ouest de la France, voire en Hollande, de nombreuses excursions aux environs de Paris lui donnent enfin la notion du paysage tempéré, suivant l'heureuse expression de M. Paul Mantz [1], où il se révélera grand maître.

Les nymphes et les bacchantes qu'il a rencontrées autour du tombeau de Virgile l'accompagnent encore dans ses excursions : il réussit à les acclimater dans la forêt de Fontainebleau, mais pour lui seul, car ni Rousseau, ni Millet ne les ont jamais rencontrées. Lui-même, d'ailleurs, cessera de les voir le jour où, renonçant aux paysages élyséens, aux décors d'idylles, il aura compris que toutes les fictions de l'antiquité ne valent pas en poésie les pures réalités que la nature met sous nos yeux.

Corot a été un assez pauvre dessinateur de la forme humaine ; il y paraît surtout dans les personnages de haute taille qu'il lui a fallu introduire dans les quelques tableaux de sainteté où il a fourvoyé son talent.

Les meilleurs sont à Paris ; ils décorent la chapelle des fonts baptismaux à Saint-Nicolas-du-Chardonnet. On y voit, au milieu de paysages magnifiques, le *Baptême de Jésus-Christ dans le Jourdain* et le *Christ guérissant un aveugle*. Ce qui donne une valeur aux figures de Corot, dans ces tableaux et dans les nombreux sujets de genre où elles jouent un rôle capital, c'est que leurs imperfections anatomiques sont rachetées par un grand charme de coloration et surtout par l'exacte observation de leur valeur lumineuse dans l'ensemble du tableau. Ici comme ailleurs, Corot reste un harmoniste impeccable ; jamais un accroc dans ses œuvres, rien n'y détonne, tout y prend sa place et s'y tient dans un accord parfait des tonalités et des nuances.

Le premier chef-d'œuvre de Corot date de 1847. « Nous nous rap-

1. *Gazette des Beaux-Arts*, tome XI, 1re période, page 423.

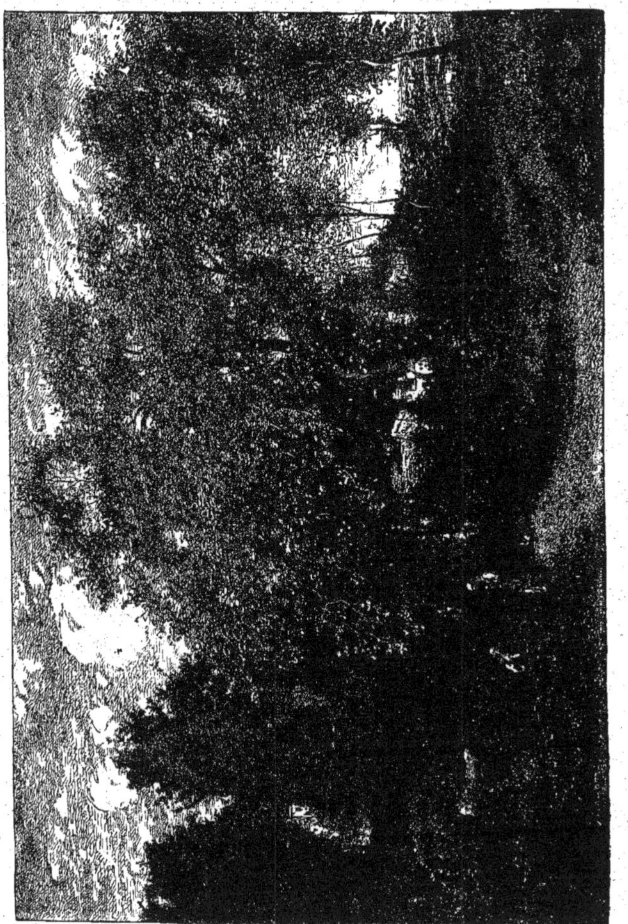

Souvenir de Ville-d'Avray par Corot.

pelons encore, a écrit M. Paul Mantz, et n'ayez garde que nous puissions l'oublier jamais, ce *Paysage* qui demeure une des émotions de notre jeunesse. Ce n'était rien pourtant, rien qu'un chef-d'œuvre. Le soleil a disparu : au fond, la partie inférieure du ciel est restée vaguement colorée de pâleurs verdâtres ; au milieu, entre deux groupes d'arbres déjà plongés dans la pénombre, s'endort l'eau tranquille d'une rivière, où la lumière fuyante allume encore des reflets qui ont la blancheur mate de l'argent ; au premier plan se découpe la silhouette brune d'un pêcheur attardé regagnant la rive dans son bateau noir. L'ensemble s'enveloppe de fraîcheur, de silence et de calme. C'était là une œuvre exquise, et nous ne fûmes pas seul à féliciter l'heureux maître qui avait su faire tenir en un si petit cadre toutes les poésies du soir. Un peintre qui, lui-même, a dû au paysage ses meilleures fortunes, M. Diaz, se hâta d'acheter le tableau de M. Corot, et les bons juges d'alors, — on en trouvera la trace dans les Salons du temps, — inventèrent les plus aimables formules pour remercier l'artiste qui avait su exprimer si bien, avec des ressources aussi restreintes, un sentiment à la fois moderne et éternel [1]. »

Ce que les critiques du temps ne virent guère, c'est que l'auteur de ce paysage venait d'introduire une notion nouvelle dans la peinture, notion féconde, car elle a déterminé l'orientation de l'art que pratiquent aujourd'hui les meilleurs de nos peintres. Dans la nature tout est reflet. Le monde extérieur se révèle certainement à nous par des formes et des colorations, mais ces formes et ces colorations ne sont, elles-mêmes qu'un mirage, un jeu de la lumière et de l'atmosphère ambiantes. Si nous parvenons à les reconstituer dans leur vérité objective, à les délimiter exactement, à les reconnaître et à les dénommer, c'est que la mémoire intervient pour redresser ce qu'on est convenu d'appeler les erreurs de la lumière. Pour le peintre naturaliste qui se prétend observateur et sincère, il n'y a pas deux manières de peindre : il doit peindre *ce qu'il voit* comme il le voit, et non représenter *ce qu'il sait être*. Corot n'a pas fait autre chose pendant toute sa vie : il

1. *Gazette des Beaux-Arts*, loc. cit.

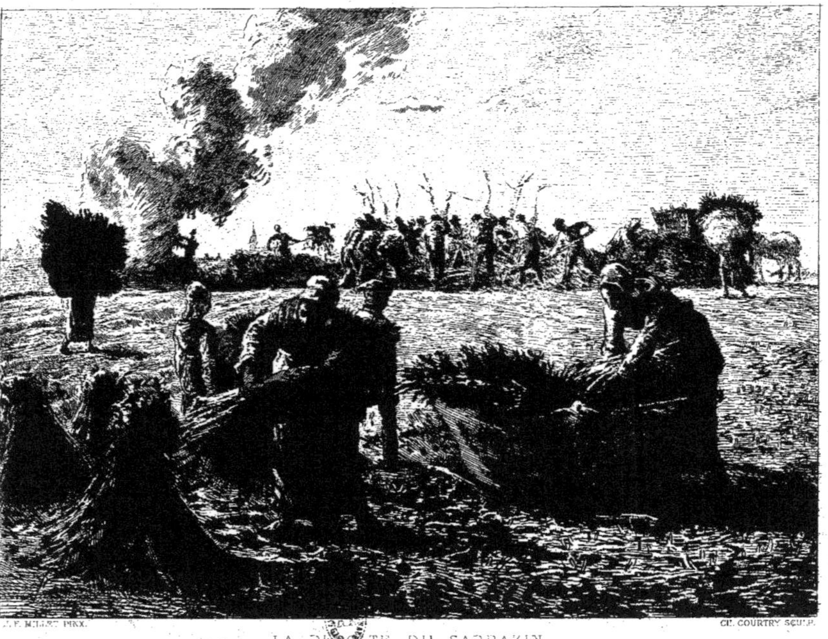

LA RÉCOLTE DU SARRAZIN

est le premier en date des peintres de « plein-air ». D'autres ont inventé
le mot, mais lui a trouvé la chose. On lui rend justice aujourd'hui, et
les plus empressés sont ceux-là précisément qui, croyant avoir apporté
cette bonne nouvelle dans la peinture, l'ont proclamée à son de trompe
et amplifiée outre mesure.

C'est en vertu de ce principe que Corot a été le peintre ondoyant,
peu précis, très lâché en apparence, que l'on connaît. Il a peint l'arbre
dans l'air, avec ses masses d'ombre et de lumière qui, dans la nature,
nous suffisent à déterminer les essences ; il a rendu l'impression du
feuillage avec son grouillement de vie ; mais il ne s'est pas amusé à
compter les feuilles, parce qu'il était sincère, qu'il n'eût pas voulu
tricher sur le nombre et que la brise, les ombres portées, les reflets, le
voile atmosphérique sont autant d'obstacles à un dénombrement exact.
Il s'est attaché à l'ensemble du tableau et non aux détails : sa peinture nous donne la résultante cérébrale des impressions multiples
qu'un œil tant soit peu exercé perçoit devant la nature. Comme nous
ne percevons que par le cerveau, en s'adressant exclusivement à cet
organe il prenait en somme le chemin le plus court pour arriver à se
faire comprendre. De là l'admirable clarté de ses œuvres en apparence
si peu explicites !

Corot a exposé à tous les Salons, sans exception aucune, de 1827
à 1874.

On trouvera la nomenclature des tableaux exposés dans les dictionnaires spéciaux, nous croyons inutile de la reproduire. Ce n'est là,
d'ailleurs, qu'une partie de son œuvre immense, trop immense, car il
peignait avec une extraordinaire facilité et trop souvent il s'arrêta à
mi-chemin de l'exécution. Ceux qui ne connaissent de lui que ces
esquisses où il se borne à jeter un projet de tableau, se font une idée
fausse de son talent. Le génie de Corot était servi par une science
profonde : nous l'avons déjà dit, il suffit de jeter un coup d'œil sur les
études qu'il avait rapportées d'Italie pour se convaincre qu'il était
passé maître dans l'art de peindre. Le secret de ses négligences est
dans sa nature de poète qui lui fit toujours subordonner la forme à

l'idée pittoresque; il est aussi dans l'exquise bonté de l'homme qui laissait se disperser les feuillets de son œuvre à tous les vents de l'amitié et de lacharité.

Corot avait une certaine aisance qu'il tenait de son père; jamais il ne fut talonné par le besoin de vendre : l'argent n'eut donc aucune influence sur sa production. Il avait vendu son premier tableau à l'âge de quarante ans.

Le nom de Corot fut, à diverses reprises, mis en avant pour la médaille d'honneur du Salon, et toujours écarté. La première fois, en 1865, on lui préféra M. Cabanel. La dernière, en 1874, ce fut M. Gérôme qui l'emporta, mais ce déni de justice lui attira des honneurs bien plus grands que lui rendirent ses confrères et ses admirateurs. Dans la soirée du 29 décembre de la même année, à la suite d'une souscription publique où l'argent afflua rapidement, on remettait solennellement au grand artiste une médaille d'or à son effigie dont le modèle avait été exécuté par M. Geoffroy de Chaumes.

On ne prévoyait pas, alors, que l'excédent de la souscription servirait, quelques mois plus tard, à élever le modeste monument qui rappelle le souvenir du maître sur les bords de l'étang de Ville-d'Avray !

Décoré en 1846 et promu officier de la Légion d'honneur en 1867, Corot a reçu de son pays les dignités qui étaient dues à son mérite. Quant à l'Institut, nous avons à peine besoin de dire que cette vieille institution se montra toujours profondément dédaigneuse à son égard. En ne l'accueillant pas, lui, le plus haut représentant de cet idéalisme dans l'art, dont elle prétend conserver et développer la tradition, l'Académie a prouvé une fois de plus qu'elle est avant tout un conservatoire de formules, et de ce fait elle prononçait sa propre condamnation. Il est heureux qu'elle n'ait pas accaparé notre grand artiste : elle l'eût diminué en le faisant sien; d'ailleurs, il ne pouvait entrer dans une Société dont Paul Huet, Rousseau, Troyon et Millet étaient tenus à l'écart.

Grand et fort, Corot était taillé en hercule: « A le voir vêtu d'une blouse, coiffé d'un bonnet de coton, sa pipe de terre à la bouche, on l'eût pris pour un roulier bon enfant qui aurait fait de son fouet un

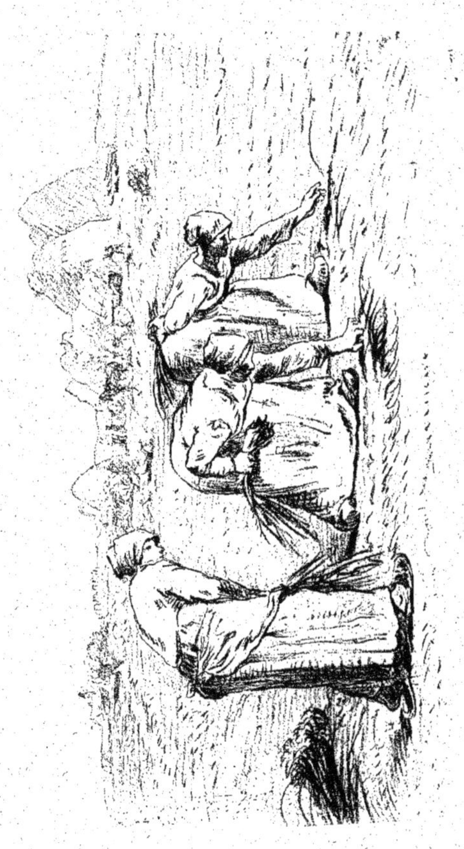

ÉTUDE POUR LES « GLANEUSES » PAR MILLET.

appui-main. Plus vieux de vingt ans que tous les paysagistes en renom, il avait parmi la jeunesse le privilège de lui parler sa langue familière et de garder avec cela l'autorité de l'âge. Il était aimé comme un camarade et respecté comme un maître [1]. »

Corot est mort en 1875, au moment où il allait accomplir sa soixante-dix-neuvième année. La presse fut unanime à lui rendre pleine justice. La *Gazette des Beaux-Arts*, par la plume de M. Buisson, se montra particulièrement enthousiaste; on en jugera par les lignes suivantes qui nous semblent, d'autre part, résumer parfaitement le caractère et la portée des œuvres du merveilleux artiste :

« Qu'on prenne, dans son œuvre, une étude ou un croquis, un tableau, Corot est le maître, le héros, la voix de la grande peinture française de paysage, l'écho de nos grands maîtres à travers les temps. Moins carré, moins austère que Poussin, moins précis, moins majestueux, moins ardent et voluptueux que Claude; plus lyrique à la fois et plus intime, et parfois aussi grand; continuateur et novateur, de son pays, de son temps, de tous les pays, de tous les temps.

« Poète au sens moderne, avec ce mélange des genres, ce charme subtil et cette liberté d'investigation qui demande à chaque chose sa poésie intrinsèque, on peut voir en lui le représentant le plus irréprochable et le plus élevé du sentiment de la nature, qui a été notre nouveauté. Son titre, malgré ses mérites techniques et sa naïveté incomparable, est dans sa grande imagination; c'est par là qu'il est devenu le familier des demi-dieux de la peinture. Seul capable de ressusciter le vrai paysage antique et d'illustrer, par exemple, Daphnis et Chloé, il a choisi, comme Poussin aurait pu le faire, le site où saint Sébastien a dû rendre l'âme; il a fait entrer le Dante avec la louve dans la forêt mystérieuse; il a jeté dans l'air glacial du matin le cri des sorcières de Macbeth. Imagination intuitive s'attaquant directement aux choses, aux scènes, aux auteurs, il a montré une âme capable de leur appliquer avec une familiarité naturelle, sans intermédiaire, sans rhétorique, ce qu'il a appris directement aussi de la nature.

1. Ch. Blanc, *Les Artistes de mon temps*, p. 375.

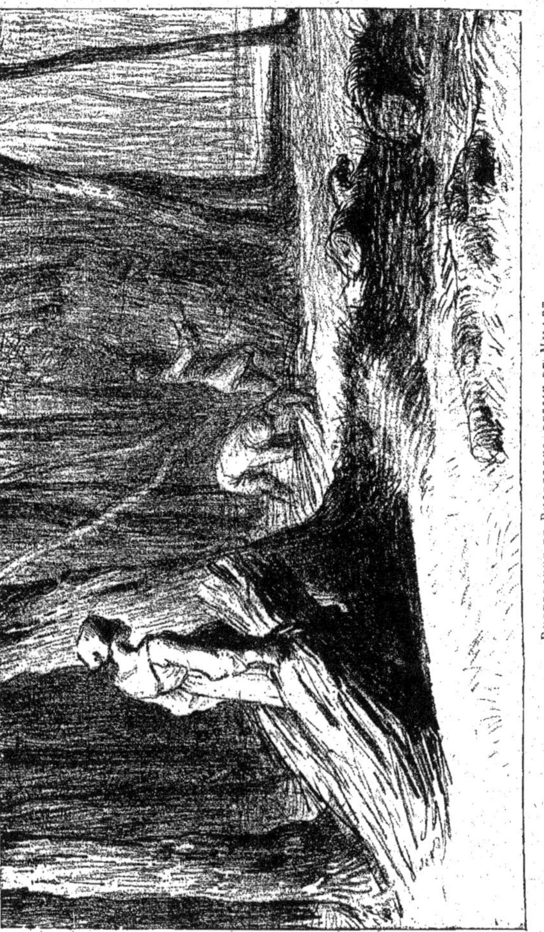

BÛCHERONNE ET BÛCHERONS, DESSIN DE MILLET.

« Allons-nous, cependant, fermer les yeux sur ses faiblesses ?...
Notre querelle à son démon indique assez ce que nous en pourrions
dire. Il ne faut pas toujours, avec des *si* et des *mais*, éteindre la
flamme des plus douces joies. La rigueur du jugement est une ingratitude ; le droit strict, la souveraine injustice envers un tel maître. Une
fois, par reconnaissance, qu'il nous soit permis de rester sur le *quid
divinum* de cette œuvre et de ce poète. Assez de gens diront ce qui
lui manque, sans prendre garde que, s'il avait la précision scientifique
et la fermeté, l'exécution accentuée, l'éclat varié, véritablement il n'y
aurait plus rien à peindre pour les paysagistes de l'avenir [1]. »

Le 27 mai 1880, au bord de l'étang de Ville-d'Avray, au milieu de
ces poétiques ombrages que le génie de Corot a tant de fois célébrés
dans ses peintures, eut lieu la glorification du maître. Les artistes étaient
venus en foule saluer le monument de ce bonhomme, « dont la vie,
selon l'heureuse expression de M. Français, fut un chant perpétuel. »
Mlle Barretta, costumée en muse, récita les quelques vers de François
Coppée que voici :

> C'est moi qu'il a montrée, assise au pied d'un hêtre,
> Essayant de noter sur la flûte champêtre
>   Quelque musique de berger ;
>
> C'est moi, mêlée au chœur de mes sveltes compagnes,
> Qu'il faisait, dans la paix sereine des campagnes,
>   Tourner sur un rythme léger.
>
> Je le connaissais bien, le vieux bonhomme en blouse,
> Et, quand il préparait sur un coin de pelouse
>   Son chevalet et ses pinceaux,
>
> Pour embellir encor ses extases secrètes,
> J'étais là ; j'exaltais l'odeur des violettes,
>   J'excitais le chant des oiseaux.

Paul Huet, Rousseau, Corot et Troyon ont été les peintres de la
campagne, Millet a peint le paysan. A-t-il apporté dans cette peinture
toute la sincérité que l'on dit ? Je le crois, mais ce serait aller trop vite
en besogne que de conclure à la parfaite ressemblance de ses portraits.
Tout homme artiste a sa manière de voir personnelle, il n'est artiste

1. *Gazette des Beaux-Arts*, tome XI, 2ᵉ période, page 326.

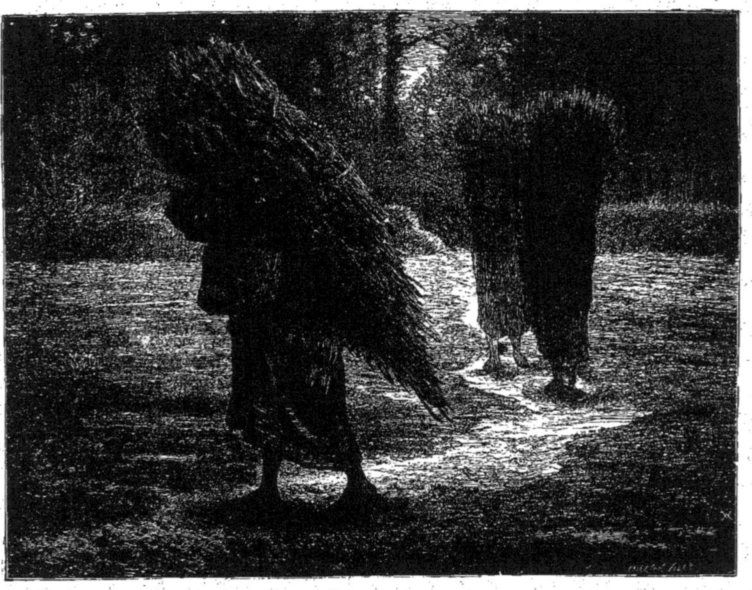

FEMMES REVENANT DE FAIRE DU BOIS MORT, D'APRÈS UN DESSIN DE MILLET.

qu'à cette condition. Sa pensée est un alambic où la matérialité des choses se sublime en une essence à laquelle l'art dont il est pénétré donne son parfum. Quelle que soit sa sincérité il ne peut empêcher cet amalgame de se produire : la chose entrevue en sort transfigurée.

Qui dit transfiguré, dit altéré dans la vérité de son être ; ne demandons donc pas à l'art de porter des fruits qu'il ne peut nous donner sans cesser d'être lui-même. Au surplus, la vérité objective est-elle donc si précieuse à recueillir en dehors de son milieu naturel ? Combien de peintres l'ont poursuivie et sont parvenus à la fixer sur leurs toiles qui n'en retirèrent aucune gloire ! Ce que nous recherchons dans les œuvres d'art, c'est moins la réalité des choses que le caractère particulier qu'elles revêtent en passant par le cerveau de l'artiste.

Millet est un grand artiste ; ce ne fut jamais un historiographe fidèle de la vie non plus que du milieu rustique. Il nous en a tracé une image exquise et d'une grandeur parfois saisissante, mais sa conception est plus idéale que réelle. Son originalité a été de procéder au rebours des autres idéalistes ; il a cherché la poésie de la terre dans ses fonctions basses de nourrice du genre humain, fouillée jusqu'aux entrailles par des rustres faméliques, toute suante en son éternelle gésine et sentant bon le fumier. Ainsi Pierre Dupont l'avait chantée dans ses vers, avec plus de gaieté, mais d'une haleine moins puissante. Au fond, Millet est triste ; il peint une nature revêche, lasse de nourrir le monde : elle semble peuplée de fantômes craintifs et muets, même aux heures bénies de la moisson, quand le soleil darde tous ses rayons.

D'ailleurs cette nature, s'il a médité de longues journées devant elle, il ne consentit jamais à la peindre que de souvenir : il aurait craint qu'un sourire de l'enchanteresse ne lui fît oublier toute sa philosophie. Par ces côtés, par l'emphase héroïque de ses paysans, toujours officiant dans les côtés moindres de la vie rustique, l'art de Millet nous représente un nouvel avatar du romantisme, le dernier en date, et, il faut le dire, de beaucoup le plus intéressant.

Le métier, chez lui, est imaginé, voulu comme la conception. Il a eu une première manière où, au sortir de l'atelier de Delaroche, il

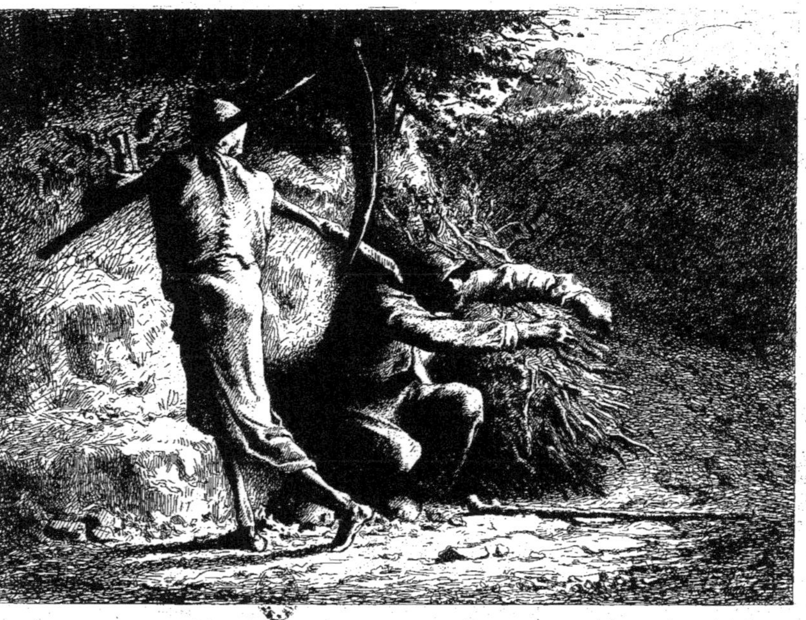

Les chefs d'œuvre — 32

LA MORT ET LE BÛCHERON

peignait à la façon de ses voisins d'étude et mieux que la plupart. Mais bientôt il comprit que les académies et la peinture de sainteté ne le mèneraient pas à grand'chose. Du jour au lendemain, il semble avoir oublié les enseignements de l'École ; sa main, fort habile, se fait naïve et timide ; il oublie la forme, il modèle par grands plans, dessinant à grands traits de massives silhouettes, aux vêtements collés sur la peau et ne plissant qu'aux endroits où il veut bien le permettre. Dans ces contours, il inscrit de belles coulées de peinture en tons rompus qui facilitent l'accord. Par contre, il modèle avec un soin infini les profondeurs du tableau. Les plans fuient à perte de vue, habilement jalonnés de distance en distance par un bout de ferme enfoui dans la verdure, une herse oubliée dans les champs, une figurine de berger en de bergère se profilant dans le lointain. Tout cela semblant fait de rien et gauchement.

Je comprends les accès de rage dont sont pris nos membres de l'Institut devant le succès qui accueille, depuis quelques années, ces peintures si cruellement outrageantes pour la grammaire de l'art qu'ils patronnent. Non, cela n'est ni peint ni dessiné, comme ils enseignent qu'on doit peindre et dessiner. Mais que nous importe, si cela nous captive et nous émeut profondément ?

A vrai dire, cette partie de l'œuvre de Millet n'est pas celle qui le grandit le plus à nos yeux ; je passe sur le procédé : il nous chaut peu qu'il pèche contre l'orthodoxie. Je reproche à la peinture du maître son manque de fermeté ; les tons semblent fuser les uns dans les autres. On éprouve, devant ses toiles, la sensation *tactile* d'une mixture huileuse et chaude sortant du four ; c'est un grave défaut dont l'impression désagréable vient à l'encontre du sentiment de pure jouissance esthétique qui s'en dégage.

Quant aux dessins et aux pastels du maître, — ou pour mieux dire ses dessins aux crayons de couleurs — nous les considérons comme des chefs-d'œuvre complets. Et là, le rusé Normand donne à ses détracteurs de l'Institut une leçon d'écriture artiste qui démontre le néant de leurs calligraphies savantes. C'est un miracle de puissance dans la simplicité du rendu. L'Exposition universelle de 1889 en a laissé un souvenir ineffaçable ; déjà on avait pu se rendre compte de la haute portée de ces créations de Millet, quand son ami, M. Gavet, montra publiquement quarante dessins, en 1875, au lendemain de la mort de l'artiste.

Disons-le en passant, la vente qui suivit cette exposition produisit 431,050 francs. Notre opinion n'est nullement influencée par le caractère imposant de ce chiffre ; un seul tableau de Millet, l'*Angelus*, a produit bien davantage (près de 700,000 francs), sans nous enlever la liberté de notre jugement. Nous sommes de ceux qui ont demandé que ce tableau, acheté pour le Louvre par un groupe d'amateurs, fût abandonné à l'Amérique qui désirait ardemment le posséder : ce n'est pas l'œuvre capitale du maître, et le fût-elle que nous ne devrions pas regretter de la savoir expatriée [1] : il y a disproportion absolue entre cette valeur numéraire et la valeur artistique de Millet.

Revenons aux dessins; c'est la partie de l'œuvre du maître qui divise le moins les artistes et la critique. Il est impossible de ne pas être frappé du sentiment de grandeur et de réelle poésie qui s'en dégage, en même temps que l'on reste surpris devant la simplicité des moyens mis en œuvre pour obtenir ces résultats étonnants. Quelques traits noirs, rehaussés de légers frottis de pastel écrasé, ou hachés aux crayons de couleurs, presque exclusivement des tons primitifs, il n'en faut pas plus à Millet pour donner aux êtres et aux choses une objectivité suffisante et créer autour d'eux une atmosphère qui évoque l'image de leur cadre naturel. Ces magnifiques synthèses sont déduites avec une sûreté magistrale des lois physiques de la couleur, que l'artiste expose et démontre par le fait en les ramenant à l'analyse dans sa facture. Il n'y a pas à hésiter, cette fois ; nous sommes bien en présence d'œuvres magistrales.

La vie de Jean-François Millet (1815-1875) tient en peu de mots. Fils de paysan, il resta paysan jusqu'à l'âge de 24 ans, gravant dans sa pensée, entre deux labours, ces falaises de la côte normande qui l'avaient

---

1. L'*Angelus* vient de rentrer en France, acheté par M. Chauchart au prix de 800,000 francs.

vu naître et qu'il devait si bien peindre un jour. On s'aperçoit, sur le
tard, de ses grandes dispositions pour l'art; après avoir travaillé le
dessin à Cherbourg, il obtient une subvention du département qui lui
permet de venir à Paris. Paul Delaroche, qui l'a accueilli dans son
atelier, l'entendant exalter le génie de Michel-Ange, se défait bientôt de
cet « homme dangereux ». Millet débute au Salon en 1840 par un

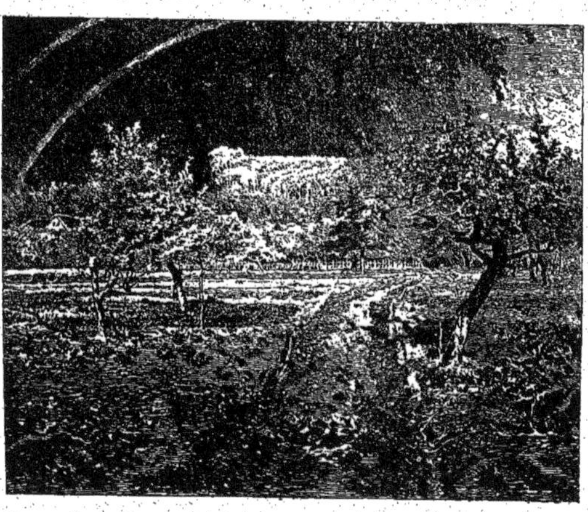

Le Printemps, tableau de Millet.

Portrait d'homme. Dès lors s'ouvre devant lui une ère de déceptions et
de misère, dont il verra la fin sans doute, mais au prix de quels efforts !
Il peint des enseignes de sage-femme, des portraits de capitaines au
long cours racolés sur la jetée du Havre où il était allé passer près d'une
année. Rentré à Paris, il s'essaye avec Diaz à des idylles de commerce,
mettant dans la peinture de ses nymphes et naïades comme un souvenir des carnations savoureuses du Corrège. Mais Diaz s'entendait
mieux que lui à ces sucreries, ou du moins le croyait-il : « Tes
baigneuses sortent de l'étable », dit-il au paysan de Gréville que de trop

réalistes souvenirs poursuivaient sans doute. Millet se tourne vers la
grande peinture. Il expose successivement un *Œdipe détaché de l'arbre*
et une *Captivité des Juifs à Babylone*. Ce n'est pas cela encore : le
dessin manque de vérité et de caractère; les colorations sont fades.

Paraît enfin, en 1848, le *Vanneur*. Millet a définitivement trouvé sa
voie, il n'en sortira plus. Il s'installe à Barbizon, le joli village qu'il a
illustré, sur la lisière de la forêt de Fontainebleau, tout près de son
ami Th. Rousseau : c'est là qu'il vivra désormais, qu'il enfantera ses
chefs-d'œuvre et qu'il mourra. Alors commence cette vaste épopée où
il a célébré, avec emphase certainement, mais dans toute la sincérité
de son âme d'artiste, les rudes combats que le paysan livre à la terre,
la lutte pour l'existence parmi les humbles de ce monde, ces êtres,
dépeints par la Bruyère, « qui épargnent aux autres hommes la peine
de semer, de labourer et de recueillir pour vivre, et méritent ainsi de
ne pas manquer de ce pain qu'ils ont semé ». Millet, aux prises lui-
même avec toutes les difficultés de la vie, chargé de famille, méconnu,
a certainement vu les choses trop en noir : aussi l'a-t-on accusé de
socialisme, lui qui jamais ne s'occupa de politique ! Le fait est que
dans l'attitude grandiose et désolée de ces héros de la glèbe passe
comme un souffle de révolte, que l'artiste ne croyait sans doute pas y
mettre, mais qui émane spontanément de ses tableaux. Un autre, qui
peint avec la plume, a repris le même thème après lui ; son talent, au
moins égal, nous a fait une peinture autrement navrante. Entre le
paysan de M. Zola, sordide en sa misère, et celui de Millet qui, dans
son éternelle pose, semble avoir conscience de la grandeur de sa tâche,
je ne crois pas que l'on puisse hésiter. Tous deux sont faux, « chargés »,
mais on préférera la variante créée par le maître peintre.

« L'instinct supérieur de Millet, a écrit Ph. Burty [1], c'est d'avoir
épié l'être humain dans sa fonction et le pays dans ses aspects carac-
téristiques : A la Normandie, il a pris les vergers ombreux au moment
de la récolte des pommes, et les plateaux grandioses qui finissent
brusquement sur la mer; à l'Auvergne, ses pentes roides semées

1. Ph. Burty : *Maîtres et petits maîtres*, 1 vol. chez Charpentier.

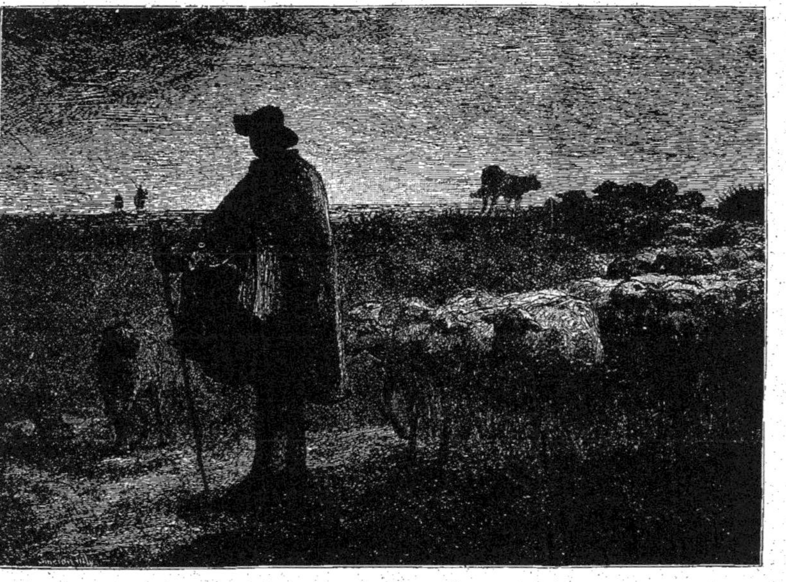

Le Berger rentrant avec son troupeau, par J.-F. Millet.

d'ajoncs, où les pastoures vont paître les chèvres en filant la quenouille ;
à la Brie, qu'il habita à peu près sans relâche depuis 1849, les
chaumes où s'installent les parcs à moutons ; les remises sur la lisière
desquelles les fillettes gardent les oies, suivant, au crépuscule, d'un
regard vague le vol aigu des sansonnets ; les sentiers à fleur de
gazon qui, aux rayons de la lune, serpentent dans la plaine comme des
rubans oubliés ; les celliers où l'on teille le chanvre, où l'on dévide la
laine ; les laiteries où l'on bat le beurre ; puis les botteleurs de foin et
les glaneuses et les batteurs de blé ; puis les chambres où, le soir,
assise près du berceau du poupon, la femme, à la lueur de la chan-
delle, reprise les effets de son homme endormi devant l'âtre. »

Cet emprunt, fait à un critique de talent que la mort nous a
récemment enlevé, me dispense de citer les principaux ouvrages de
Millet ; ils y sont presque tous décrits et implicitement dénommés.
Ph. Burty a également observé avec beaucoup de finesse, le rôle de la
femme dans les œuvres de Millet : « Il ne les a jamais peintes qu'ac-
complissant leurs fonctions courantes, la couture, ou la tonte des
moutons, ou fanant le foin, ou rapportant des seaux pleins d'eau, ou
encore apprenant à leurs fillettes la couture, le tricot, les lettres de
l'alphabet. Certes, cela n'est point propre à éveiller des idées sensuelles.
Qui ne sait combien furtives sont les amours des villageois et de combien
de mystères s'entourent les couples qui, comme les fauves, se donnent
la nuit des rendez-vous ? Un jour, Millet nous dit un mot bien carac-
téristique. Devant un tableau de M. Jules Breton, alambiqué et, par cela,
prêtant aux sous-entendus, Millet nous dit : « M. Breton peint des
« filles qui sont trop jolies pour rester au village. » Ce fut cependant ce
sentimentalisme urbain (dont M. Jules Breton est revenu) qui plaisait au
public. On sent, au contraire, toute la délicatesse de Millet dans le
soin qu'il apporte à ne point user de ce qui n'est point strictement du
domaine de la peinture, à ne point substituer l'intention au fait. »

L'intérieur de Millet à Barbizon a été bien souvent décrit ; il y
vécut en paysan, dans une demeure de paysan, d'une vie de labeur
incessant au milieu de sa nombreuse famille qu'il chérissait. Sur la

fin de sa vie, cet intérieur patriarcal se fit un peu plus bourgeois. On a imprimé à tort que la peinture de Millet ne s'était vendue qu'après sa mort. Il a connu, bien peu de temps il est vrai, la faveur des marchands. La vente des tableaux, la plupart inachevés, et études trouvés

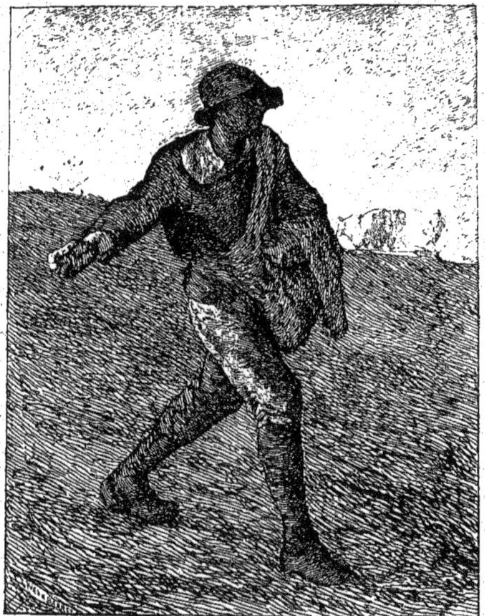

Le Semeur, par J.-F. Millet.

dans son atelier, au moment de sa mort (20 janvier 1875) produisit 321,034 francs.

Millet obtint des médailles aux Salons annuels de 1853 et 1854, et une médaille de 1re classe à l'Exposition universelle de 1867. La croix de chevalier de la Légion d'honneur lui vint en 1868. Il est consolant de penser que ce grand artiste aura eu sa part de gloire et de légitime aisance. Mais on ne saurait trop déplorer l'incurie de l'État qui a laissé sortir de France le meilleur de son œuvre. Le Louvre ne possédait de lui que les *Baigneuses* (de sa première manière), l'*Église de Gréville* et seize dessins, achetés tardivement à la vente de son atelier. Une heureuse libéralité vient d'y joindre les *Glaneuses*, toile réellement importante du maître. Nous devons relever enfin ce fait que l'Administration des Beaux-Arts, sous la direction de M. de Chennevières, lui avait réservé la décoration de la chapelle de sainte Geneviève au Panthéon ; mais la mort de l'artiste ne permit pas de donner suite à ce projet qui, peut-être, eût doté l'art contemporain d'une grande œuvre de plus.

Le nom de Narcisse Diaz de la Peña (1807-1876) est un de ceux qui ont le privilège de faire incliner les marchands : ses peintures sont très haut cotées ; il marche de pair avec Rousseau, Delacroix, Millet et Troyon. Passe encore pour ce dernier ; quant aux autres, nous trouvons que c'est leur manquer de respect que de le placer à leurs côtés. Diaz n'a rien d'un maître : il n'est pas original et il est rempli de défauts. Il se tient trop loin de la nature pour que nous puissions le ranger parmi les peintres qui l'ont traduite avec sincérité ; nous ne pouvons davantage le rapprocher des paysagistes de style à cause de l'insuffisance de son dessin. Son art est un composé hybride de l'art du Corrège, de Prud'hon et de Rousseau et il resta toujours très au-dessous de chacun de ses modèles. Ce qu'il a pour lui, c'est un don remarquable de coloriste : il l'emploie le plus souvent à tort et à travers, mais le résultat est parfois charmant. On éprouve à voir ses peintures le même plaisir, la même griserie des sens que procure un amoncellement de pierreries ; il ne faut pas raisonner cette impression, le charme s'évanouit.

Diaz naquit à Bordeaux en 1807 de parents espagnols que les révolutions avaient contraints à chercher un refuge au delà des Pyrénées. Son éducation fut des plus sommaires. C'était une nature ardente, enthousiaste, rebelle à toute discipline ; il a fait la peinture de son tem-

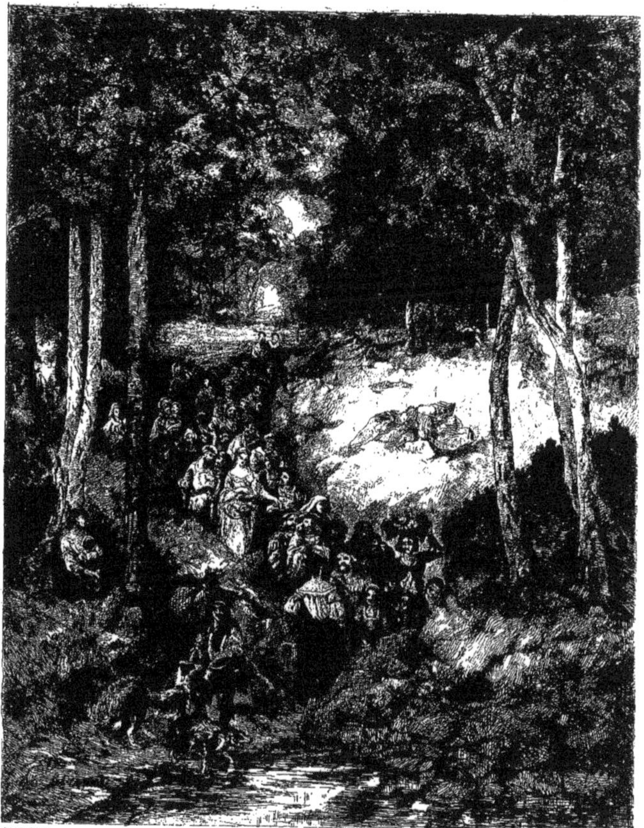

LA DESCENTE DES BOHÉMIENS

Imp Tarleur, Paris

pérament. Tout jeune homme il eut à subir l'amputation d'une jambe à la suite d'une piqûre de mouche venimeuse ; il n'en resta pas moins alerte et ce cruel accident ne le fit pas renoncer aux exercices du corps

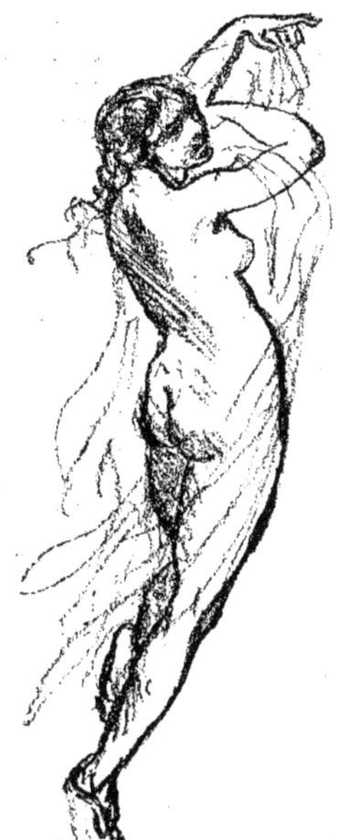

ÉTUDE DE FEMME AU CRAYON, PAR DIAZ.

qu'il affectionnait par-dessus tout. Ses débuts en peinture eurent lieu à la manufacture de Sèvres ; il peignait sagement, à fleur de porcelaine, de petits bouquets enrubannés ; mais dès qu'il pouvait s'échapper, c'était pour donner satisfaction à sa fougue naturelle en couvrant des toiles d'empâtements furibonds.

Diaz exposa pour la première fois au Salon de 1830 : son tableau

CH. — T. I.   28 représentait un *Christ;* il lui fut acheté par le pasteur Michel Paira qui le protégeait et l'aidait de sa bourse. Pour vivre, il continuait à peindre sur de petits panneaux, qu'il vendait de 16 à 25 francs, des vignettes dans le goût des frères Johannot, ou des bouquets.

En 1848, il prit part, sans succès, au concours ouvert par le Gouvernement provisoire pour un type officiel de République française. C'est, avec une grande toile exposée au Salon de 1855, intitulée *Les Dernières Larmes,* — une envolée de figures féminines sans consistance sur un ciel grisâtre, — le seul essai de grande peinture que Diaz ait entrepris. Il manquait de fond pour s'attaquer à des œuvres de cette nature.

Le talent de Diaz aura été un talent d'escamoteur, de prestidigitateur si l'on préfère. Sur ce terrain, nul ne lui dispute la suprématie. Par son adresse prodigieuse, il éblouit les juges les plus sévères et leur en fait voir de toutes les couleurs. Ses dessous de bois ensoleillés sont un décor de féerie qu'il peuple de chimères. Tantôt il y dévêtit de petites divinités échappées d'un Olympe bourgeois, ou de simples mortelles qui semblent venues tout exprès pour dorer leurs charmes au soleil; d'autres fois, ce sont des théories de Bohémiens qui y étalent leurs haillons pittoresques. De tout cela se dégage quelque chose qui n'a rien à voir avec la poésie de la nature, mais dont le charme est incontestable; le plus sage est d'admirer sans chercher à comprendre. Pour être juste, il convient de dire que Diaz ne s'en est pas toujours tenu à cet emploi de magicien évoquant des images de kaléidoscope. Sans être un dessinateur comme Rousseau, il lui est arrivé de serrer d'assez près la nature pour qu'on puisse comparer ses paysages à ceux du maître. On lui doit particulièrement des vues de la forêt de Fontainebleau qui sont des pages d'observation exacte, auxquelles l'emphase de son talent donne un relief extraordinaire.

Diaz fut longtemps l'ami et le compagnon de Millet : ils se brouillèrent sur un mot : « Toi, tu peins des orties, aurait-il dit à l'auteur de l'*Angelus.* Moi, j'aime mieux peindre des roses! » Si ces paroles ont été prononcées, il faut en conclure que Diaz ne se trompait pas sur son talent, mais qu'il n'a rien compris au génie de Millet.

Nous laissons à notre collaborateur qui écrira le troisième volume de cette histoire le soin d'apprécier le talent de Daubigny, mort tout récemment : l'excellent paysagiste n'appartient pas d'ailleurs à la

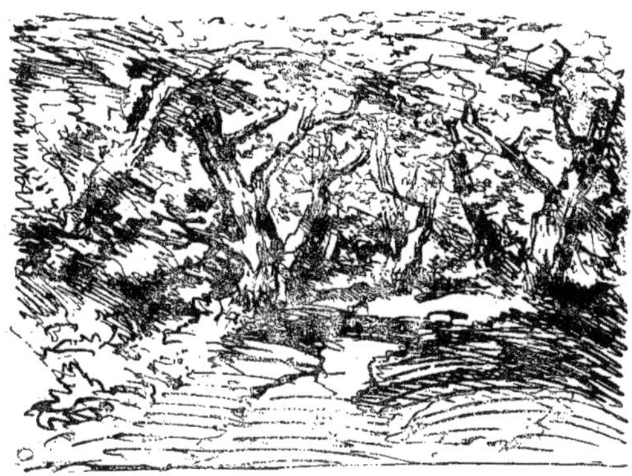

génération des combattants de 1830. Mais nous devons quelques mots de souvenir à son contemporain Antoine Chintreuil, élève de Corot. Cet artiste n'a pas été apprécié à sa juste valeur; il a donné pourtant une note bien personnelle et d'une exquise délicatesse : nul n'a mieux rendu les fraîcheurs du printemps, le frisson de l'herbe sous la rosée matinale; nul si ce n'est son maître. Mais Corot voyait les choses en poète et les peignait en vers; Chintreuil les voit telles qu'elles sons dans la nature et les décrit dans une prose excellente. Nous sommet d'autant plus étonné qu'on ait mis si longtemps à le comprendre : le pauvre artiste est mort sans en avoir connu la gloire.

LE PAYSAGE DE STYLE

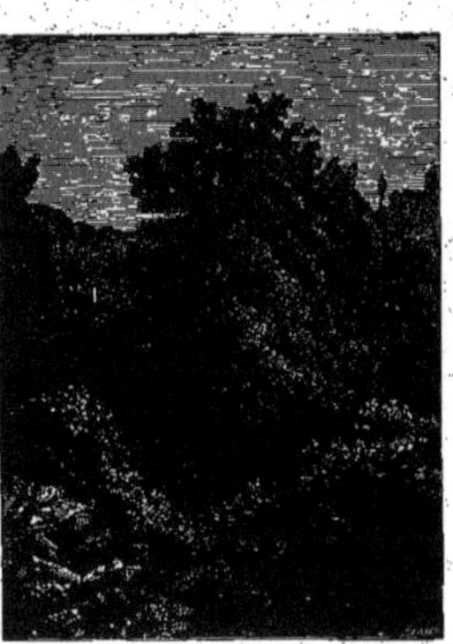

PAYSAGE, PAR PAUL FLANDRIN.

Nous nous sommes étendu longuement sur les origines et le développement du mouvement naturaliste dans le paysage, et nous n'avons pas marchandé nos éloges aux artistes valeureux qui l'ont fait triompher. Il n'est que juste de consacrer quelques pages aux vaincus ; eux aussi comptèrent dans leurs rangs des hommes d'un très réel talent : leur seul tort fut de s'obstiner dans des idées d'un autre siècle et de vouloir défendr e l'art à grand renfort de lois et de réglementations qui paralysaient l'essor individuel. Ils furent, en somme, les premières victimes des règles édictées par eux. Quand on feuillette l'œuvre intime, les dessins, les études peintes des chefs de la réaction, on est fort surpris d'y retrouver parfois l'expression éloquente des mêmes vérités que proclamaient leurs adversaires. Mis en présence de la nature, leur talent s'attendrit, leur âme s'émeut ; ils oublient volontiers la discipline qu'ils prêchent dans leur enseignement, et dont leurs œuvres accomplies porte la marquent sévère. Le professeur d'esthétique jette sa robe aux orties et l'on voit apparaître l'artiste rajeuni, enthousiaste et sincère devant la nature.

C'est au retour des champs, dans le recueillement de l'atelier, tout peuplé des fausses images qu'y ont laissées les maîtres dont il a reçu l'enseignement, que le peintre d'ancien régime gâte son ouvrage en le reprenant suivant des formules apprises. L'esprit imbu des souvenirs classiques, il va chercher, dans un cours de littérature, le sujet de tableau qu'il pourrait bien loger dans son esquisse : « Feuilletez votre Plutarque », écrivait David à son élève Gros, qui s'était oublié à vouloir peindre l'histoire de son temps ; le paysagiste, lui aussi, a ses auteurs : ils s'appellent Théocrite, Virgile et Ovide, mais il ne les lit guère que dans les traductions de Gail, de l'abbé Delille et de Burette, et ce qu'il en retient ce sont des images apprêtées, aux oppositions savantes, aux balancements harmonieux, un décor de nature où ne poussent guère que des fleurs de rhétorique.

Écoutez les enseignements de Valenciennes, le maître vénéré de cette école, cité par M. A. Michel[1]. Il ne s'agit pas, en effet, pour le paysagiste, de « faire le froid portrait de la nature insignifiante et inanimée, mais de la faire parler à l'âme par « une action sentimentale ». Il doit « lire, comparer, s'enthousiasmer à la lecture des poètes qui ont décrit et chanté la nature, habiter tantôt avec Sapho, Anacréon, Vénus, l'Amour, les Grâces, — tantôt le Tartare avec Ixion et Sisyphe, les rochers avec Ossian, les vallées de l'Arcadie et de Tempé... Quelle différence d'un tableau représentant une vache et quelques moutons paissant dans la prairie à celui des funérailles de Phocion, d'un paysage des bords de la Meuse à celui de l'Arcadie, d'un temps pluvieux de Ruysdaël au *Déluge* de Poussin! » Veut-il « peindre le matin? le moment où la riante Aurore, sortant des bras de son vieil époux, répand des perles et des fleurs sur la surface de la mer, où les Heures attellent au char du Soleil quatre coursiers fougueux, tandis que les habitants de la campagne, sortant des bras du Sommeil, vont dans les champs et que leurs fidèles et innocentes compagnes s'occupent de la troupe intéressante des volatiles qui les suit, demandant par des sons variés et perçants le grain pour son premier

1. *L'Art français*, 1 volume, chez Ludovic Baschet, p. 89.

repas?... » il sera convenable d'y représenter les *Fêtes de Delphes*.

Ainsi comprenait la nature le vieux Valenciennes (1750-1819) qui, sans le savoir, fonda une école nouvelle ; il croyait naïvement ressusciter la grande tradition du paysage historique fondée par Poussin et Claude le Lorrain. Dans ses tableaux, on voit toujours quelque épisode emprunté à l'Histoire ou à la Fable ; le paysage sert de décor ; d'ailleurs, il prend bien soin de donner un programme du spectacle pour que le public ne s'y trompe pas et n'aille pas prendre le principal pour l'accessoire. *Paysage au fond duquel on aperçoit une ville antique, sur le devant, deux femmes offrant des fleurs aux nayades d'une fontaine. — Paysage dans lequel on voit Ulysse implorant l'assistance de Nausicaa, fille d'Alcinoüs. — Une jeune fille dans une forêt apercevant son nom inscrit sur un arbre.*

Le talent de l'homme est d'ailleurs des plus médiocres ; il a formé des disciples qui mirent au service de la cause une éloquence souvent supérieure à la sienne : Xavier Bidauld (1758-1846), chef d'école à son tour ; Michallon (1797-1822), dont nous avons déjà parlé ; Victor Bertin (1775-1842), et Édouard Bertin, l'ancien directeur du *Journal des Débats*.

Pour Édouard Bertin, la nature sembla digne d'être peinte pour elle-même ; il ne croit pas absolument à la nécessité d'y intoduire des bergers jouant de la double flûte. S'il célèbre ses beautés en littérateur beaucoup plus qu'en peintre, au moins a-t-il le sentiment qu'elle se suffit à elle-même. Il perçoit la majesté sereine de ses belles lignes, les étudie consciencieusement, et s'il lui arrive de faire des groupements artificiels, des images composées, au moins se préoccupe-t-il de ne pas y introduire d'éléments étrangers. Ses tableaux sont faits de notes juxtaposées qni ont le mérite d'avoir été bien prises ; nous n'aimons pas beaucoup que le goût d'un homme se substitue aussi complètement dans la peinture du paysage au génie de la nature qui est elle-même un admirable peintre et un inventeur d'une puissance esthétique incomparable ; mais il faut convenir que les adaptations d'Édouard Bertin sont remarquablement conçues. Il a laissé de beaux dessins écrits avec une grande sûreté de main et réellement suggestifs. Ses œuvres de peinture sont médiocres ; il ne savait pas manier la couleur.

A côté d'Édouard Bertin et aussi beaucoup plus pour ses qualités de dessinateur que pour ses facultés de peintre, nous placerons Caruelle d'Aligny. On lui doit d'importantes synthèses de paysages. « De peur de compromettre la dignité de l'art, il en exagère les conditions didactiques et réduit presque à l'état d'une formule abstraite,

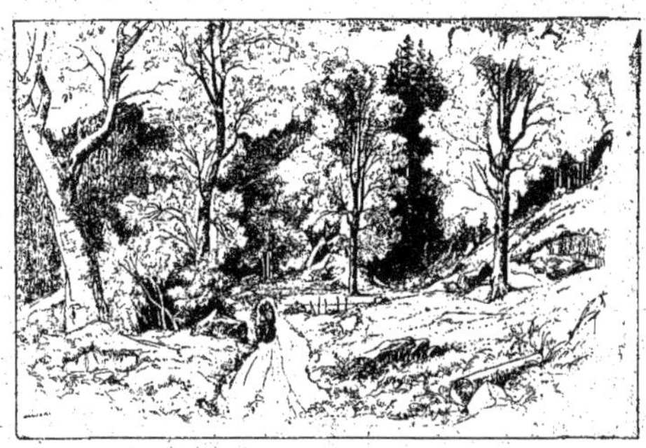

d'une épure mathématique, la transcription des faits pittoresques[1]. »

Paul Flandrin, le frère d'Hippolyte, dont nous aurons à nous occuper plus loin, et comme lui ayant passé par l'atelier de Ingres, est un pur classique ; il est l'auteur de paysages prétentieux et froids, malgré l'intensité conventionnelle de la coloration. Il a beaucoup travaillé à Lyon où s'étaient réfugiés les derniers desservants du paysage historique, pendant que d'Aligny dirigeait l'École des beaux-arts de cette ville.

Alexandre Desgoffe, autre élève de Ingres, peignit, vers 1853, *Oreste en Tauride*, puis les *Fureurs d'Oreste* et encore le *Sommeil*

1. Henri Delaborde, *Gazette des Beaux-Arts*, 1ʳᵉ période, t. XVI, p. 386.

d'Oreste, avec le sous-titre : « Paysage. Il est l'oncle du célèbre et trop admiré M. Blaise Desgoffe, peintre d'« objets d'art et de haute curiosité » : orfèvrerie, céramique, ivoires, armes, etc.

A côté de ces « purs » de l'école classique, on peut placer toute une série d'artistes dont les œuvres s'en distinguent par un affranchissement relatif de toute rhétorique. Remontant par-delà Valenciennes, nous trouvons Bruandet (1755-1803) qu'aucune théorie n'avait pu décider à renier complètement le culte de la vérité ; puis, Didier Boguet (1755-1839) ; A. Péquegnot (1819-1878) qui prenait soin d'ajouter : « Peint d'après nature », et d'autres aussi complètement inconnus de nos jours, qui tâchèrent d'ennoblir le vrai sans pour cela le travestir.

L'école mixte du paysage historique a eu, de notre temps, des représentants fort honorables dans la personne de MM. de Curzon, Bellel, Jules Didier, etc., sans compter des noms plus marquants : Harpignies, Pointelin dont il sera question dans un autre volume de cette histoire de l'art, et Français, leur maître à tous, qui a obtenu, l'an dernier la médaille d'honneur du Salon. M. Français est un conservateur en art ; les conservateurs ont beau jeu sous tous les régimes pour peu qu'ils sachent se rallier aux idées nouvelles.

De l'amalgame de tous les maîtres que nous avons passés en revue, mais plus particulièrement des peintres naturalistes, est sortie l'école actuelle du paysage. Elle poursuit avec honneur l'idéal qui a porté et soutenu le talent de ceux-ci, et conduit certains d'entre eux à une gloire impérissable ; le culte de la nature est le seul culte avoué et réellement pratiqué. Il faut dire cependant qu'un certain relâchement semble s'être glissé dans la pratique ; les artistes d'aujourd'hui ont perdu le sentiment du respect et du recueillement ; ils traitent la nature en camarade avec qui toutes les familiarités sont permises.

Le Poussin, dans ses promenades, ramassait pour les emporter dans son mouchoir, des plantes et des cailloux. « Je n'ai rien négligé », répondait-il à quelqu'un qui s'étonnait de ces menues préoccupations chez un esprit aussi grand. Théodore Rousseau marchait des mois

PSYCHÉ

entiers à travers bois et campagnes, sans prendre son crayon. Il allait
en reconnaissance de la nature. Il ne se décidait à dessiner ou à peindre que lorsqu'il avait trouvé un sujet de tableau. Aujourd'hui il semble que nos artistes s'arrêtent trop facilement au premier tournant de
chemin : tout leur semble bon à peindre, et c'est à peine s'ils savent
faire choix d'un cadre et en éliminer les accessoires nuisibles ou inuti-

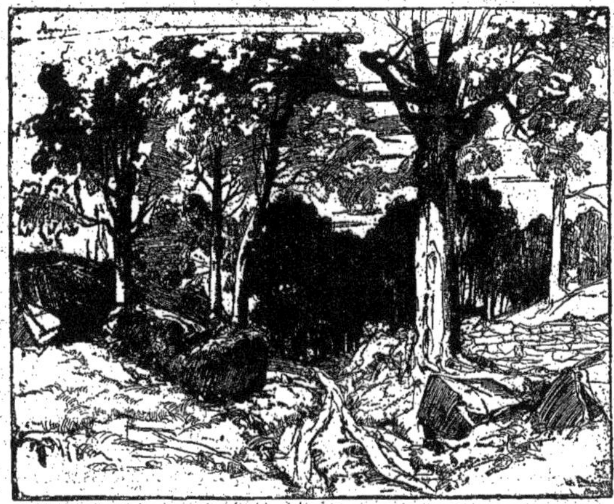

ÉTUDE PRISE DANS LA FORÊT DE FONTAINEBLEAU, DESSIN D'ÉD. BERTIN.

lement encombrants. Ce qu'ils nous montrent d'ordinaire, ce sont des
études. Or il arrive rarement qu'une étude, si bien enlevée soit-elle
et fournie de documents vrais, constitue une œuvre. Le peintre y révèle
son habileté manuelle, ses facultés de copiste ; il ne nous dit presque
rien de son for intérieur d'artiste, que nous aimerions à connaître.

Copier la nature c'est bien, mais on ne fait pas un tableau sans y
ajouter quelque chose de soi : L'art, comme l'a dit Bacon, est le
produit de la communion de l'homme avec la nature : *Homo additus
naturæ*.

LES PEINTRES D'ANIMAUX

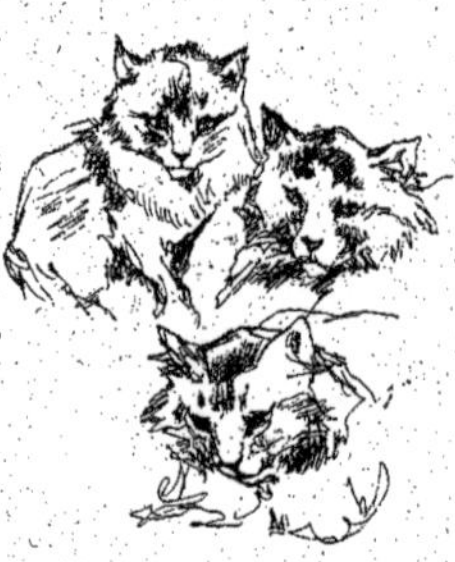

CHATS, CROQUIS DE A. LANÇON.

La peinture d'animaux a, comme la peinture de paysage, dont elle dérive, suivi toutes les phases de l'évolution naturaliste. Longtemps elle persévéra dans la tradition du pittoresque maniéré que Loutherbourg (1740-1814), Demarne (1744-1829) et Jean-Baptiste Huet (1745-1811) avaient hérité de Boucher et que celui-ci tenait directement des Hollandais... Malheureusement personne ne s'avisait de remonter aux grands maîtres de cette École; on se contentait d'accommoder à la française l'art facile, superficiel, de Nicolas Berghem. Il était réservé au peintre Brascassat de faire revivre pendant quelques années un genre épuisé en lui infusant le sang généreux des Paul Potter et des Albert Cuyp.

Jacques-Raymond Brascassat était né le 30 août 1804 à Bordeaux. Fils d'un ouvrier tonnelier, il commença de très bonne heure à dessiner dans l'atelier des peintres bordelais Lacaze et Dubourdieu. Frappé de ses dispositions précoces, un M. Th. Richard, ingénieur et peintre lui-même, — il a mis de ses peintures dans tous les musées du Midi, — l'emmena pendant plusieurs années faire des études d'après nature dans les montagnes de l'Aveyron, puis l'envoya à Paris et le fit entrer en 1825 dans l'atelier de Hersent. Cette année même Brascassat concourait pour le prix de Rome de paysage : il s'agissait de peindre la *Chasse de Méléagre ou le sanglier de Calydon*. Le jeune homme étonna ses juges par son habileté, mais il n'obtint que le second grand prix. Fort heureusement la protection de la duchesse de Berry lui valut de faire le voyage de Rome aux frais de la liste civile, et son tableau de concours fut immédiatement acheté pour le musée de sa ville natale.

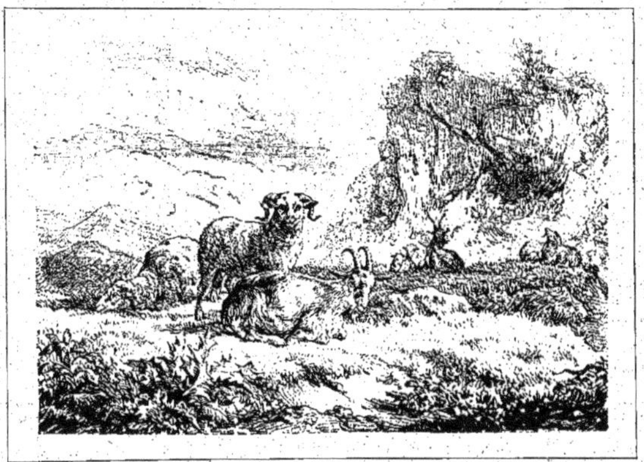

PAYSAGE AVEC ANIMAUX, PAR BRASCASSAT.

Après ces débuts faciles, qui ne rappellent en rien ceux des plus grands peintres de notre époque, Brascassat n'avait plus qu'à se laisser aller : il était lancé. Pendant cinq ans, il parcourut les différentes parties de l'Italie, envoyant aux Salons des vues ou des paysages agrémentés de sujets mythologiques. Revenu en France en 1830, il aborde pour la première fois la peinture d'animaux, où il devait conquérir une juste célébrité.

Le talent de Brascassat, pour être revêtu de dehors un peu anciens, est des plus recommandables; il a consciencieusement étudié la forme vraie des animaux et l'a rendue d'une main ferme. Son exécution

serrée ne manque pas de largeur, quoique trop poussée à la minutie ;
il dit nettement ce qu'il veut dire, mais il dit trop de choses à la fois.
On aimerait à lui voir un peu plus d'abandon ; il a ignoré l'art des
concessions, qui est la moitié de la science de l'art.

D'ailleurs, Brascassat n'a pas excellé dans la peinture de tous les
animaux indistinctement : ses moutons, ses chiens, ne valent pas à
beaucoup près ses taureaux et ses génisses. Et puis, le paysagiste, chez
lui, n'est pas à la hauteur de l'animalier ; les arbres, les terrains, les
fonds sont exécutés dans une coloration aigre et fausse, d'une touche
maigre et chétive ; jamais il ne parvint à oublier complètement les
enseignements de sa jeunesse. Le peintre-ingénieur Richard, qui lui
rendit tant de services à ses débuts, a eu sur lui une fâcheuse
influence : on peut dire qu'il lui avait légué sa palette. Dans les
tableaux de Cuyp, de Karel Dujardin, de A. van de Velde, de Berghem et même de P. Potter, on peut retirer les vaches, les moutons
et les chevaux, il reste toujours un beau paysage ; dans ceux de Brascassat, le bétail rentré, il ne reste rien qu'un décor sans importance
et « qui semble avoir été donné par-dessus le marché », comme l'a
écrit un des biographes du peintre, M. de Saint-Santin.

C'est à Nantes qu'il faut étudier Brascassat ; un de ses amis,
M. Urvoy de Saint-Bedan, a doté le musée de la ville de ses meilleurs
ouvrages. Le peintre y a sa chapelle, comme le sculpteur David a la
sienne à Angers, Granet à Aix, les Vernet à Avignon, Ingres à Mon-
tauban. Une autre collection importante de ses œuvres fut recueillie
de son vivant par la famille Paulinier.

Brascassat, ombrageux, modeste et timide, compta beaucoup
d'amis : ils l'ont encouragé dès ses débuts et ils veillèrent sur lui jusqu'au jour de sa mort. Cette constance dans l'amitié de ceux qui l'ap-
prochèrent lui fait le plus grand honneur. Il mourut le 28 février 1887,
entouré de respect et d'affection. L'Institut l'avait appelé dans son
sein en 1846, en remplacement du paysagiste Bidault.

Brascassat n'a pas fait école, et celle dont il était l'élève est morte
avec lui. Les animaliers actuels descendent en droite ligne de Géri-

cault, dont les admirables études de chevaux ont été étudiées dans le
premier volume de cet ouvrage. Il faut cependant signaler au passage
un nombre considérable d'œuvres où « la plus noble conquête de

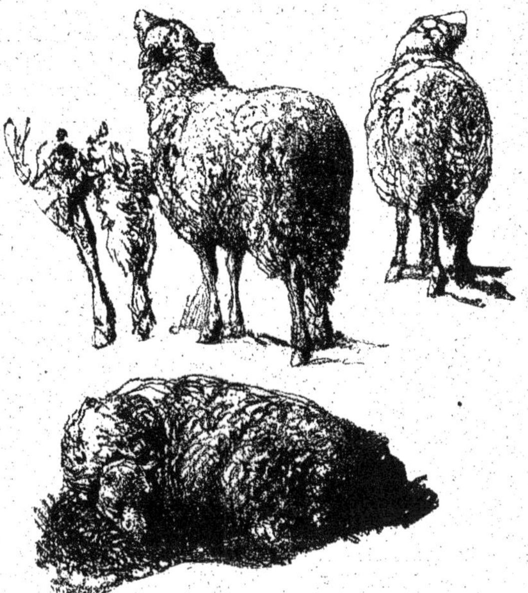

ÉTUDE DE MOUTONS, PAR BRASCASSAT.

l'homme » a été célébrée sous une forme pompeuse empruntée au
romantisme, et qui, cependant, se réclament aussi du naturalisme par
une certaine recherche de la vérité. Les Vernet et même Alfred de
Dreux (1810-1860) furent des peintres de talent; s'ils ne s'élevèrent
pas au-dessus de leur époque, au moins se montrèrent-ils dignes de
la réputation dont ils jouirent. Aujourd'hui encore nous devons nous

incliner devant le savoir très réel des Vernet, et le grand sentiment
d'élégance qui caractérise les peintures d'Alfred de Dreux. La mode
changeante n'a pu dépouiller leurs œuvres du talent qu'ils y ont mis,
mais le discrédit où elles sont tombées nous confirme dans cette idée
que la nature seule est éternelle ; la peinture de convention s'enfonce
dans l'oubli avec le temps qui l'a vu naître.

Nous avons étudié l'œuvre de Troyon, il n'y a pas à y revenir. On
le considère, à juste titre, comme le plus éminent des peintres d'animaux de notre temps. Rosa Bonheur, Charles Jacques, Lançon et
toute l'école actuelle des paysagistes animaliers seront à leur tour
l'objet d'études spéciales.

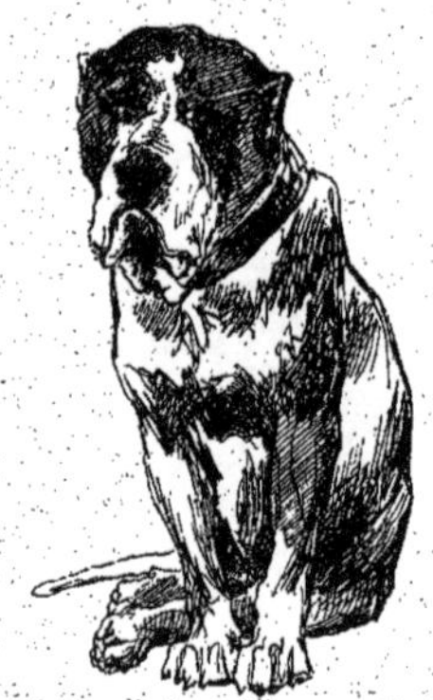

BOULEDOGUE, PAR AUGUSTE LANÇON.
(Dessin de l'artiste.)

LES ORIENTALISTES

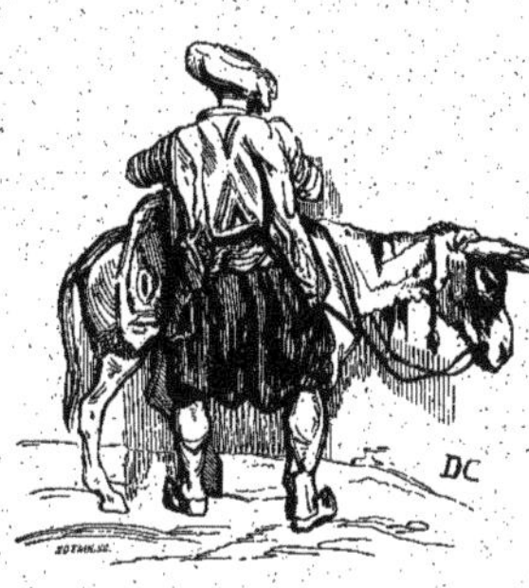

ANIER TURC, CROQUIS DE DECAMPS.

En tête de la phalange des peintres français qui ont découvert et révélé l'Orient, se place l'un des artistes les plus célèbres de notre temps, Alexandre-Gabriel Decamps (1803-1860). Nous avons la bonne fortune de pouvoir nous renseigner auprès du peintre lui-même sur les premières années de sa vie, car il écrivit sa propre biographie, à la sollicitation du docteur Véron, qui l'inséra dans ses *Mémoires d'un bourgeois de Paris*. On y lit ce qui suit : « Decamps (Alexandre-Gabriel) naquit le troisième jour du troisième mois de la troisième année de ce siècle, c'est-à-dire le 3 mars 1803, et j'ai le droit de le dire, aucun prodige ne signala sa naissance... Ce qui eut cours en mes premières années sont choses communes à tous. L'enfant montra d'abord d'assez mauvaises dispositions : il était violent, brutal, bousculant ses frères; l'on n'en augurait rien de bon. Il atteignit ainsi l'âge où son père (homme de sens pourtant) jugea à propos d'envoyer ses enfants au fond d'une vallée presque déserte de la Picardie, pour leur faire connaître de bonne heure, disait-il, la dure vie des champs.

« Je ne sais ce que mes frères y apprirent. Quant à moi, j'oubliai bientôt et mes parents et Paris, et ce que notre bonne mère avait mis tant de soins à nous montrer de lecture et d'écriture. Je devins, en revanche, habile à dénicher des nids, ardent à dérober les pommes. Je mis la persistance la plus opiniâtre à faire l'école buissonnière, — car il y avait une école en ce pays-là, — et si le magister a rarement vu ma figure, il n'en saurait dire autant de mes talons. J'errais alors à l'aventure, parcourant les bois, barbottant dans les mares. C'est là, sans doute, que j'aurai contracté ce grain de sauvagerie qu'on m'a tant reproché depuis, et dont le frottement civilisateur auquel les hommes aujourd'hui, bon gré mal gré, sont soumis, n'a pu me dépouiller totalement. Je ne prendrais pas la peine de coucher sur le papier de pareilles puérilités, si je ne savais de reste combien les moindres particularités intéressent dans la vie des hommes *célèbres*. — Je reviens à mon sujet. — Ayant vu faire à de petits paysans d'informes figures en craie, j'en taillais moi-même volontiers; mais dans ces ouvrages, le croirait-on? je me soumis aux règles reçues. Le génie ne se révéla pas : l'esprit d'innovation n'avait pas encore apparemment soufflé son venin.

« Après trois années environ de cet apprentissage rustique, roussi par le soleil, suffisamment aguerri à aller nu-tête et parlant un patois inintelligible, je fus ramené à Paris dont je n'avais plus nulle idée. J'y fis longtemps la figure que fait un petit renard attaché par le col au pied d'un meuble... Ma pauvre mère, à qui ce mode d'éducation déplaisait horriblement, parvint enfin à m'apprivoiser et décrasser un peu, et je fus livré à l'inexorable latin. Durant des années, les bois, les *larris*, les *courtils* (les friches, les herbages) me revinrent en mémoire avec un charme inexprimable; parfois les larmes m'en venaient aux yeux. Peu à peu, le goût du barbouillage s'empara de moi et ne m'a plus quitté depuis. »

Decamps continue ainsi sur ce ton de badinage, sans se douter que dans cette description rétrospective de son enfance il nous révèle la genèse même de son art où il y a tant de rusticité ferme et saine, avec le « grain de sauvagerie » qui en relève la saveur. Les premiers maîtres de Decamps furent le peintre d'architecture Étienne Bouchot

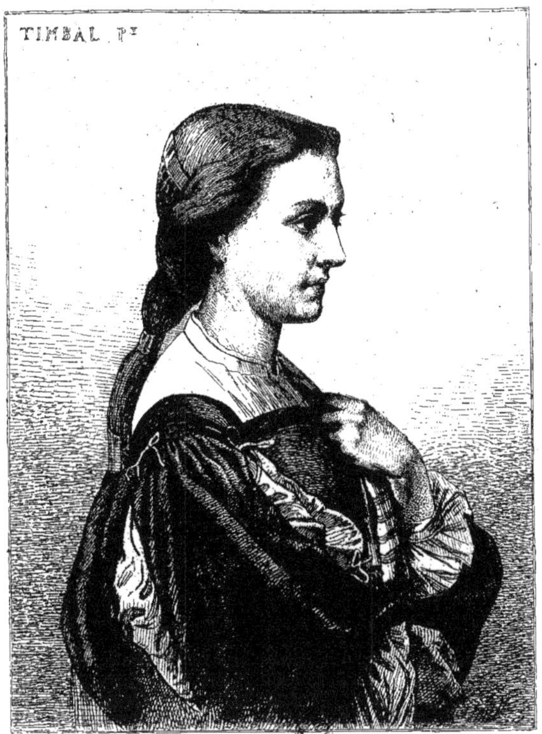

JEUNE FILLE FLORENTINE

Les chefs d'œuvre . 33
Imp. Taneur, Paris

et Abel de Pujol (1785-1861), un des plus notables survivants de l'école de David. Il resta peu de temps d'ailleurs dans l'atelier de ces maîtres; leur maigre palette lui semblait bien chétive, à lui, qui avait encore dans les yeux les beaux empâtements de la nature avec les illuminations superbes qu'y allume le soleil couchant.

En attendant mieux, il se mit à dessiner et à lithographier d'un crayon d'abord fort inhabile, mais qui n'aurait pas tardé à s'exprimer

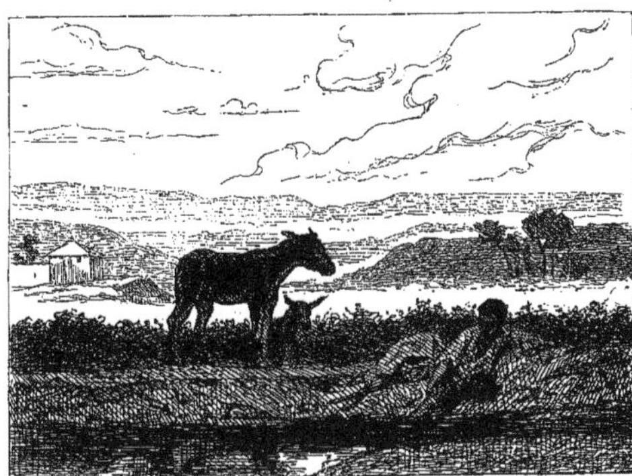

LES ANES, TABLEAU DE DECAMPS.

avec éloquence. Ses débuts de peintre eurent lieu au Salon de 1829. Decamps, qui eut toujours une « bonne presse », — lui-même l'a reconnu, — fut signalé dès l'abord à l'attention de ses contemporains. Un critique autorisé, Jal, proclama qu'il y avait « des morceaux remarquables par le ton local, la franchise et la finesse de la touche » dans la *Chasse aux vanneaux* et le *Soldat de la garde d'un vizir*. Le succès de ce dernier tableau, fait de *chic*, inspira au peintre l'idée d'aller voir sur place si cette turquerie d'imagination ressemblait à la réalité. Il partit pour le Levant avec le peintre Garneray qui avait mission de reproduire la bataille de Navarin. Quand il revint, les cartons à peu près vides, mais la tête bourrée de souvenirs, sa vocation était définitivement fixée : l'Orient l'avait conquis. Il allait passer sa vie à raconter les pays du soleil, non pas en historiographe fidèle, mais en poète amoureux et avec le tour de main facile d'un peintre admirablement doué pour reconstituer les tableaux entrevus.

Delacroix a eu de l'Orient une vision plus élevée : « Il en exprime, comme l'a écrit Paul de Saint-Victor, le génie secret, l'âme contemplative et farouche, le vide caché sous ses dehors majestueux, et le fatalisme absolu qui régit sa morne existence. » Decamps, sauf certains tableaux, où il fait revivre des scènes de l'antiquité, n'a guère représenté que le décor, le vestiaire et les personnages. « Ses scènes d'Orient saisissent le regard par la netteté des lignes, la rigidité des horizons, le rendu excessif des armes et des costumes, et l'exactitude physique des types de même race, marqués de signes aussi distinctifs que les caractères de leurs langues. »

Écoutons un autre critique dont l'éloquence n'est pas moindre et qui a de plus l'avantage de parler de peinture en homme du métier :

« Decamps, a écrit Fromentin[1], a vu en Orient l'opposition nette, aiguë, tranchante des ombres et de la lumière; ne pouvant pas atteindre ouvertement le soleil, qui brûle toutes les mains qui le cherchent, il a pris un détour fort spirituel, et, dans l'impossibilité d'exprimer beaucoup de soleil dans peu d'ombre, il a pensé qu'avec beaucoup d'ombre il parviendrait à produire un peu de soleil, et il a réussi. Cette abstraction de l'effet, ce thème invariable des oppositions vives, il les a poursuivis partout, dans tous les sujets de figures ou de paysages, violemment, obstinément, et avec un succès qui a légitimé ses audaces. Il a beaucoup imaginé, beaucoup rêvé, mais à distance, à travers des partis pris d'esprit, de méthode et de pratique. Il n'est ni vrai, ni vraisemblable; sa supériorité incontestable lui vient de ce qu'il a, comme tous les visionnaires, l'esprit rempli de métamorphoses. Il invente encore plus qu'il ne se souvient. »

Reprenant l'histoire du peintre, nous signalerons en passant et pour n'y pas revenir, un essai malheureux de Decamps dans un genre qui

1. *Une année dans le Sahel*, p. 269.

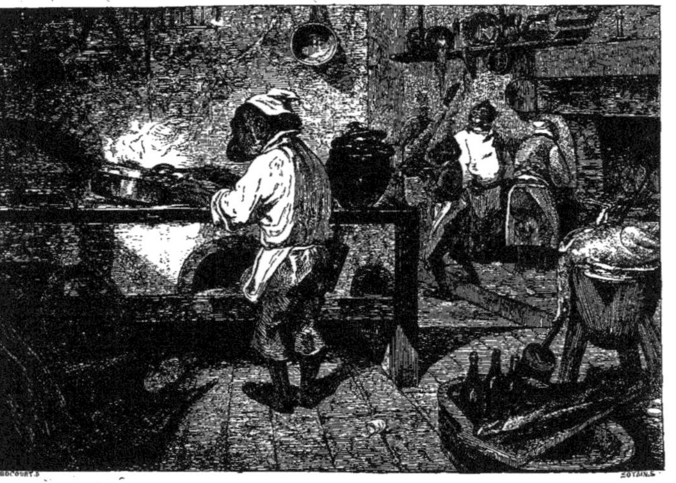

LES SINGES CUISINIERS, TABLEAU DE DECAMPS.

ne lui convenait nullement et qu'il eût été plus digne à lui de ne pas aborder : je veux parler de quelques caricatures politiques qu'il fit paraître en lithographie après la Révolution de 1830. Le Salon de l'année suivante le classa définitivement parmi les maîtres du jour. Il y avait exposé cinq tableaux, entre autres sa *Ronde de Smyrne* qui fut particulièrement remarquée, et deux de ces scènes d'animaux où il devait exceller plus tard. Un voyage en Italie (1832-1833) lui ouvrit encore des horizons nouveaux, et alors il comprit que l'esthétique de ses maîtres n'était pas sans fondement, car ce fut surtout la grandeur des lignes de la nature qui le frappa en abordant la terre classique Mais combien différente fut l'interprétation que lui donnèrent ses pinceaux ! Dans sa *Défaite des Cimbres,* — Marius triompha des Cimbres sur terre de France, il est vrai, mais la Provence c'est déjà l'Italie, — les enseignements du vénérable paysagiste Valenciennes sont appliqués par lui à rebours. Les Cimbres et les Romains, c'est à peine si on les voit dans une mêlée confuse ; leurs masses *s'ajustent* de leur mieux dans les replis du terrain, de manière à renforcer l'effet du grandiose paysage où le drame se déroule ; l'homme, le héros, cède le pas à la nature. Nous avons vu que les maîtres du paysage historique recommandaient et pratiquaient précisément le contraire. Cette entorse à la tradition n'a pas empêché Decamps de toucher au style dans la *Défaite des Cimbres* et dans beaucoup d'autres tableaux.

Nous ne ferons pas l'énumération de son œuvre : cela nous conduirait trop loin. De 1831 à 1860, le maître s'est exercé dans tous les genres, passant de l'anecdote à l'histoire, de l'histoire au paysage, avec une incomparable aisance de métier. Sa manière de faire lui appartient en propre, il n'avait pas de devanciers, il n'a guère eu d'imitateurs. La raison, nous l'avons déjà dite, c'est que Decamps n'est ni un classique ni un réaliste ; il flotte entre les deux écoles, prenant à l'une son goût de mise en scène, sa recherche des effets de grandeur, à l'autre sa passion pour la couleur et son amour de la nature. Cet habile homme a trouvé moyen de se faire bien voir dans les deux camps ; chacun prétendait l'accaparer à son profit, il vécut philosophi-

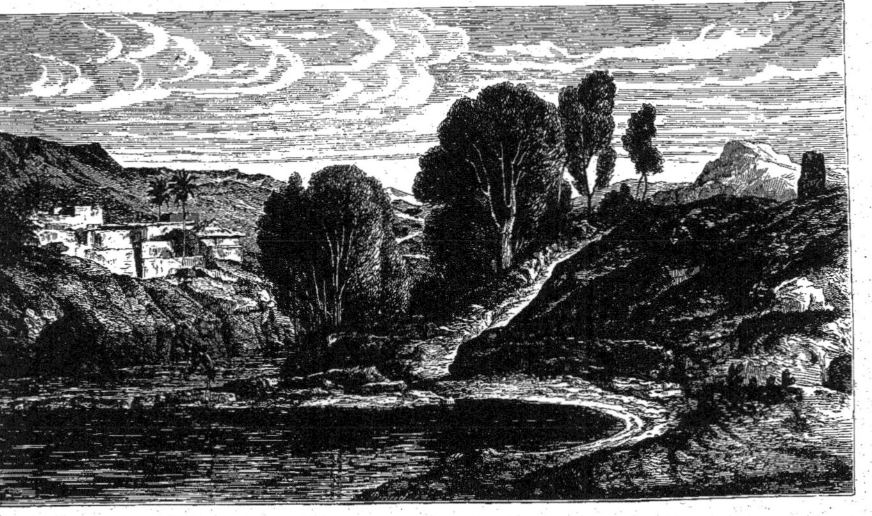

Le Héron, tableau de Decamps.

quement entre les deux, accueillant avec bonne grâce les honneurs et les richesses qu'on lui prodiguait.

Decamps connut le métier de peintre mieux qu'aucun homme de son temps; il le connut trop ; son œuvre porte aujourd'hui la peine des cuisines trop recherchées dont elle fut nourrie; elle s'est attristée comme ces dyspeptiques qui ont abusé de leur estomac. Pour obtenir des dessous solides, il peignait et repeignait sur des couches déjà sèches : revenus à la surface, ces dessous ont terni et uniformisé dans une lourdeur opaque le ton local. L'abus qu'il fit du bitume pour obtenir ces belles colorations rousses qu'il affectionnait, a complété la métamorphose. Aujourd'hui, les oppositions de l'ombre à la lumière sont plus brutales que jamais; beaucoup des délicatesses du clair-obscur ont disparu dans ses toiles. Il y reste l'esprit de la composition, l'extraordinaire entente de la mise en scène, la fermeté et la bravoure de l'exécution et, parfois, des tons charmants échappés, on ne sait pourquoi, à la livrée de deuil qui s'est étendue sur tout le reste. D'ailleurs, ses tableaux ne paraissent pas, pour cela, avoir perdu l'estime des amateurs, car les marchands ne les cèdent qu'à très gros prix.

Decamps a laissé d'admirables dessins qui, eux, n'ont pas changé; son *Histoire de Samson*, en neuf feuillets, est à proprement parler une œuvre de maître: tout y est. L'invention puissante et nouvelle y marche de pair avec l'exécution, d'une ampleur exceptionnelle.

L'Exposition universelle de 1855 marqua le couronnement de la carrière de Decamps; il s'y présentait avec une soixantaine de ses productions, — scènes de chasses ou d'animaux, tableaux bibliques, vues d'Orient et paysages, — peintes à l'huile, à l'aquarelle, ou dessinées en blanc et noir. Ce fut un triomphe; il obtint une des dix grandes médailles d'honneur. Puis il rentra dans sa retraite du Veyrier, aux environs d'Agen, où la vieillesse commençante et les trop sensibles défaillances de sa main l'avaient conduit quelques mois auparavant. Ce n'est pas là pourtant qu'il devait mourir. Les deux dernières années de sa vie, il les passa à Fontainebleau, travaillant

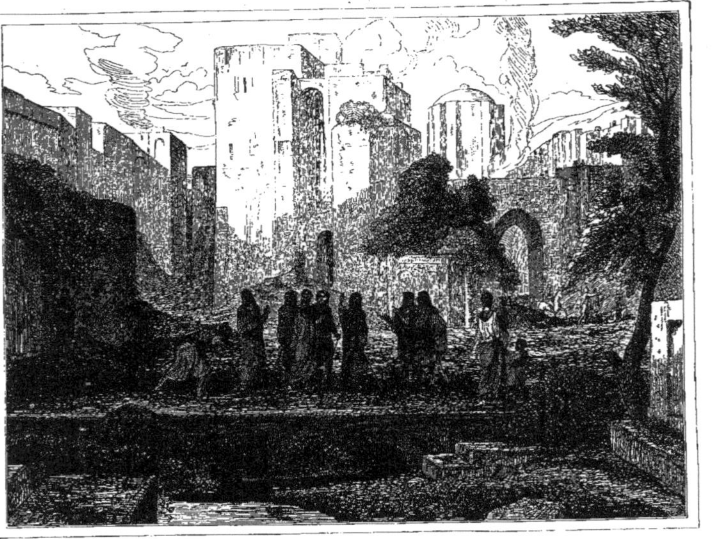

Le Centenier, tableau de Decamps

sans cesse et, sans doute éclairé par les discrètes critiques que l'Exposition de 1855 avait soulevées, cherchant une palette nouvelle dans
les tonalités claires, affranchies enfin de ce bitume tant aimé dont il
pouvait déjà constater les nombreuses trahisons. Il reprenait vie au
souffle de ces ambitions généreuses; sa santé semblait se rétablir,
quand un accident imprévu, une chute de cheval dans la forêt de
Fontainebleau, le 22 avril 1860, vint subitement mettre un terme à
sa glorieuse existence.

Decamps mort, l'État, qui arrive toujours trop tard, s'avisa que ce
vaillant artiste français n'était pas représenté au Louvre; il a fait
depuis de vains efforts pour se procurer des toiles vraiment dignes du
maître et du musée. Les bons tableaux de Decamps ne sortent guère des
galeries où elles sont entrées. Fort heureusement la charité publique
nous vient en aide et répare, dans une certaine mesure, le mal que
l'étroitesse d'esprit et de jugement de l'administration des Beaux-Arts,
sous le règne de l'Institut, a causé à nos galeries publiques. La *Bataille
des Cimbres* entrera au Louvre grâce à la générosité d'un amateur
éclairé, M. Maurice Cottier, qui lui a légué en mourant cette œuvre
capitale du maître.

Prosper Marilhat (1811-1847), que le hasard fit naître de parents
auvergnats, fut un véritable homme d'Orient égaré parmi nous; il en
avait les caractères physiques et l'âme contemplative. Élève du décorateur Cicéri et plus tard de Camille Roqueplan, il fit ses premiers essais
de peinture dans l'églogue classique. Une circonstance imprévue
décida de son sort. Le baron de Hugel, au moment d'entreprendre un
voyage scientifique en Orient, cherchait un dessinateur; on lui désigna
Marilhat. C'est ainsi que le jeune peintre eut la bonne fortune de visiter
la Grèce, l'Asie Mineure et l'Égypte. Il en revint fasciné et ravi,
en 1833. L'Italie, qu'il alla ensuite visiter, sur les conseils d'Aligny, ne
lui inspira pas le même enthousiasme; il était définitivement hanté par
l'Orient; dès lors il ne voulut peindre autre chose que des scènes
notées sur place pendant son voyage. La terre des Pharaons lui tenait

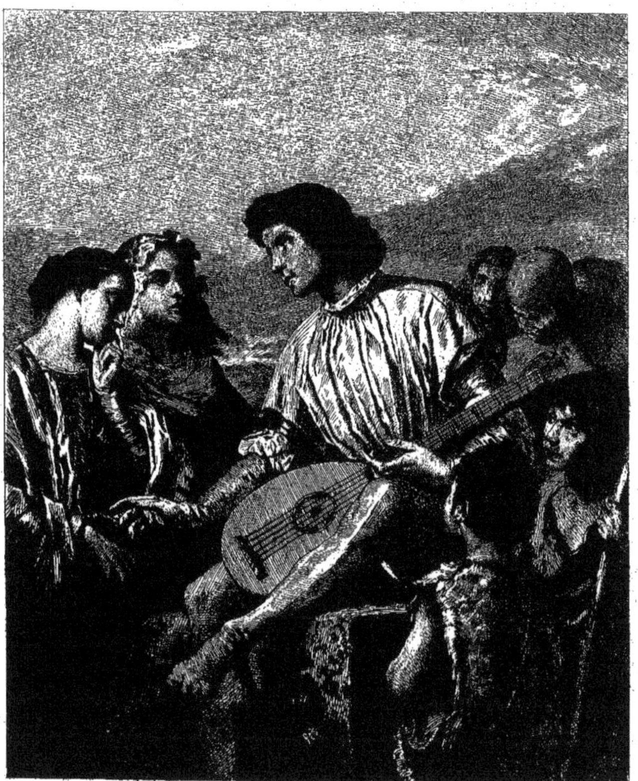

LE TROUVÈRE

Imp. Taneur, Paris

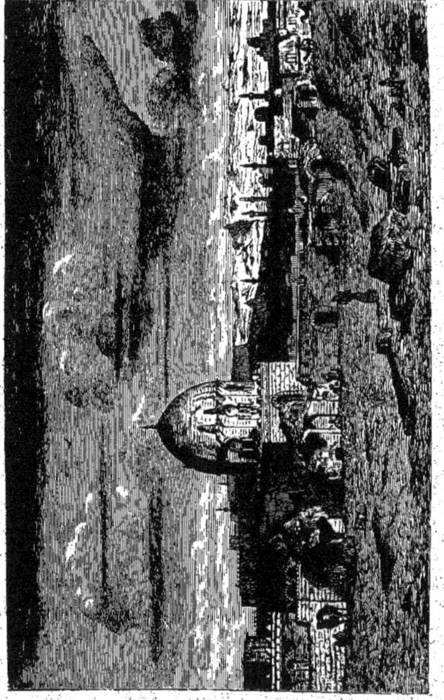

La Nécropole du Caire, d'après un tableau de Marilhat.

plus particulièrement au cœur : c'est d'elle qu'il a tiré ses plus poétiques inspirations et il aimait à signer ses lettres et même ses
tableaux : l'*Égyptien Marilhat.*

Moins exalté dans sa peinture, moins violent que Decamps, il
n'arrive pas à la puissance objective de celui-ci; par contre, ses
tableaux ont une valeur subjective, une poésie, que n'ont pas ceux du
maître, dont il balança les succès de 1833 à 1844. Marilhat mourut le
12 septembre 1847, à l'âge de trente-six ans, « regretté par les classiques pour le beau choix de ses motifs, vanté par les romantiques pour
la recherche, l'éclat et la variété de son coloris et pour son amour de
la nature observée et non convenue. Comme Poussin, Marilhat a puisé
sa poésie dans la réalité même, il a idéalisé le vrai » [1].

Nous avons parlé précédemment du rare et précieux talent de
Diaz, nous n'y reviendrons que pour dire quelques mots de sa valeur
comme peintre orientaliste. Pour nous elle est considérable; il est de
tous celui qui approcha le plus près de la vérité. Diaz c'est l'Orient
fait homme, il en a exprimé l'incomparable éclat, même ayant
de l'avoir connu de ses yeux, car c'est seulement en 1855 qu'il se
transporta de sa personne vers le pays du soleil.

Je signale en bloc quatre orientalistes de talent : François Bellel,
Berchère, Léon Belly et Émile de Tournemine, pour arriver à un
artiste qui les dépasse de fort loin, sans être cependant un homme de
premier ordre.

Eugène Fromentin, né à la Rochelle le 24 octobre 1820, et mort
dans la même ville le 27 avril 1876, a conquis de notre temps une
double réputation de peintre et d'écrivain qui lui a survécu. C'est un
des hommes les plus distingués qu'ait produits la génération précédente.
Cependant s'il a brillé dans tous les genres, on ne peut pas dire qu'il
y ait excellé. Il peignit un peu en littérateur et écrivit en peintre : de
cette fusion de deux arts qu'il est préférable de tenir séparés, résulte
une œuvre hybride d'une portée moins haute qu'on l'a dit, mais à
coup sûr charmante et pleine de talent.

1. Charles Blanc, *Histoire des peintres.* École française, t. III, p. 61

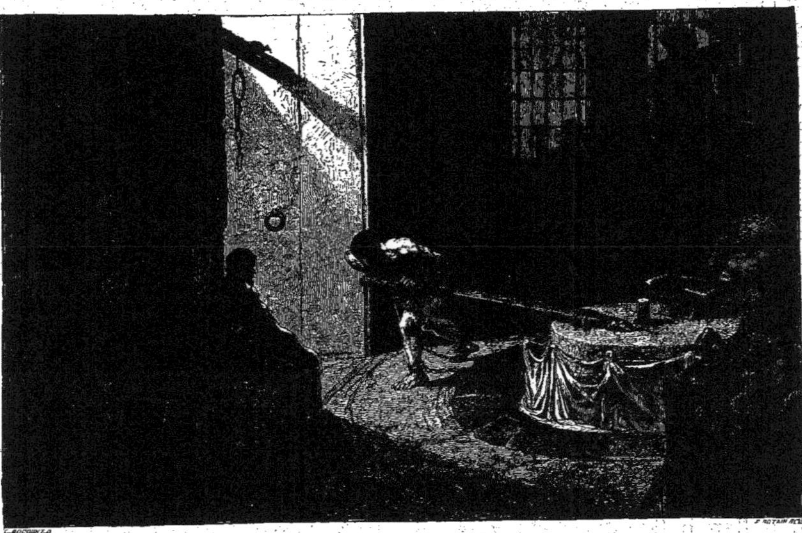

SAMSON TOURNANT LA MEULE, PAR DECAMPS.

E. Fromentin littérateur a ravi les délicats par des études et des livres d'un style personnel. Sa première œuvre, l'*Été dans le Sahara*, l'emporte en puissance de coloris sur ses meilleures peintures. Ce livre très remarqué ne fut pas pour Fromentin une rencontre accidentelle. Les *Simples pèlerinages*, *Une année dans le Sahel* et un roman intitulé *Dominique* confirmèrent l'opinion élevée qu'on s'était formée de lui. Il montra en outre de rares facultés critiques dans diverses études publiées d'abord par la *Revue des Deux-Mondes*, et qui ont été réunies en volume sous ce titre : *Les Maîtres d'autrefois*.

Comme peintre, un des mérites de Fromentin, et non le moindre, est d'avoir peint une terre française, de nous l'avoir fait connaître et fait aimer. Son Orient, à lui, c'est l'Algérie; il n'en sort pas. Mais il en est un autre plus estimable encore, c'est la parfaite sincérité de l'artiste; nous lui devons d'avoir appris quelques vérités que ses prédécesseurs nous avaient cachées. Pour n'en citer qu'une, c'est à lui que nous sommes redevables de la notation exacte des colorations de notre belle colonie. A côté de l'Orient éclatant et bigarré comme le costume d'Arlequin que les peintres et les poètes nous ont décrit, Fromentin a découvert une variété grise, d'une exquise douceur de tons et plus captivante encore que l'autre; on trouve cet Orient en Algérie, qui n'est, à vrai dire, qu'une des portes de l'Orient.

Fromentin est un des rares artistes de notre temps qui ait fait des humanités très complètes : il savait admirablement le grec et le latin. Son père avait voulu qu'il fût avoué; c'est là, sans doute, la raison de ses débuts tardifs dans la peinture. Pour rattraper le temps perdu, il se résigna à sauter bien des classes par où il est bon d'avoir passé : il ressentit plus tard les inconvénients de cette lacune dans son éducation d'artiste. Le pis, c'est que dans le principe, au lieu d'aller demander conseil à la nature, il se mit à étudier les maîtres, faisant auprès d'eux provision de recettes et de formules dont il n'y a pas grand'chose à tirer puisque leur génie a passé par là. Cependant, par la force de la volonté et du travail, il se fit une originalité de second ordre; on ne peut lui dénier une vue personnelle des choses et une remarquable finesse dans le faire. Dessinateur élégant, un peu superficiel, il trouve sur sa palette des tons charmants, mais il est rare qu'il sache en composer une gamme harmonieuse : ses petits cavaliers arabes sont jetés dans le paysage comme des fleurs sur un tapis, au hasard de la rencontre. On se lasse vite des tableaux qui n'obéissent

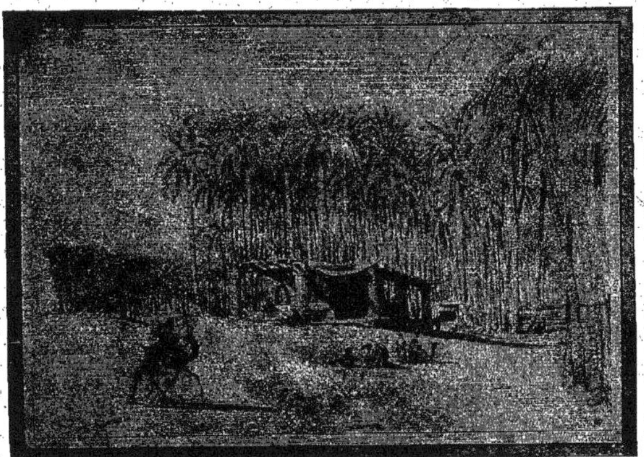

ÉTUDE FAITE AU CAIRE, PAR MARILHAT.
(*Dessin de la Collection His de la Salle, au Louvre.*)

pas aux lois de l'harmonie. L'auteur de la *Curée*, du *Fauconnier arabe*, de la *Chasse au héron*, de la *Traversée du gué*, du *Simoun*, de la *Rue à Ell-Aghouat* et de tant d'autres œuvres vantées, aurait pu s'en apercevoir s'il avait vécu quelques années de plus [1].

L'intéressante figure de Guillaumet et d'autres *arabisants* remarquables de l'école actuelle des peintres orientalistes, appartient au collaborateur qui rédigera le troisième volume de cette histoire.

1. Au sujet de *Fromentin*, consulter l'ouvrage très complet de M. Louis Gonse, publié chez Quantin.

LA PEINTURE D'HISTOIRE ET LE GENRE

On a dit bien souvent que les progrès accomplis dans les genres inférieurs avaient porté un coup fatal au grand art. Je ne discuterai pas sur les mots : à mon sens, il n'y a pas de genres inférieurs et il n'y a ni grand art ni petit art. Ce sont là des distinctions scolastiques inventées par les professeurs. L'art est un et il souffle où il veut, allant des petites choses aux grandes suivant le caprice individuel de ceux qu'il a touchés de sa flamme à leur berceau. Il serait plus juste de dire que la plupart des hommes de la génération de 1830 qui eurent une véritable vocation artistique se tournèrent naturellement vers les sujets d'observation naturaliste, le paysage et l'étude des mœurs, laissant les autres moins doués qu'eux poursuivre le chemin tracé par leurs devanciers, où l'on trouvait à chaque pas des guides pour se conduire et des recettes pour se tirer avantageusement d'un mauvais pas. Ceux-là restèrent forcément accrochés au « grand art », comme à un tuteur dont ils ne pouvaient être séparés sans tomber à plat. Il est assez naturel que leur faiblesse ait été d'un médiocre secours pour maintenir haut et ferme le drapeau transmis par de glorieux ancêtres.

Joseph-Désiré Court (1798-1865), aujourd'hui bien oublié, fut pourtant un des triomphateurs du Salon de 1827 ; il y exposait une *Mort de César* qui fonda sa réputation. Jamais depuis il ne parvint à s'élever au-dessus de cette œuvre qui n'est, tout bien examiné, qu'un bon devoir d'école. La peinture traditionnelle était si malade à cette époque, qu'au moindre signe de vie les adeptes de l'école applaudissaient à tout rompre.

François-Joseph Heim (1787-1865), sans avoir plus de talent, récolta plus de gloire : à défaut de l'Art plusieurs de ses œuvres intéressent l'Histoire. Il a représenté dans des toiles dont il est inutile de relever les noms le monde politique, l'Institut, la Cour et la famille royale, après l'avènement de Louis-Philippe en 1830. Ces tableaux sont au musée de Versailles ; nous leur préférons sa collection de

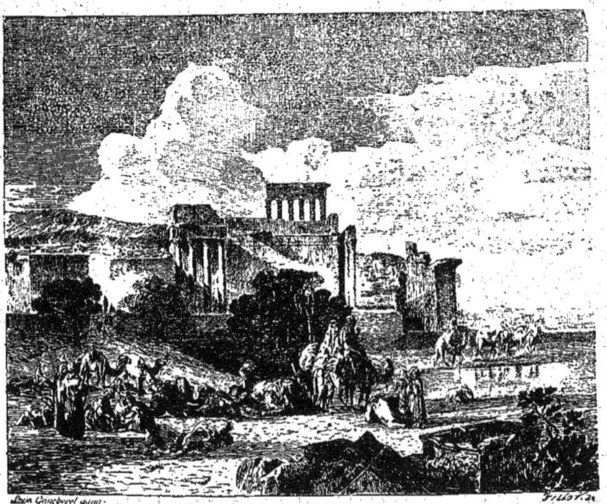

CARAVANE ARRÊTÉE DANS LES RUINES DE BALBECK, D'APRÈS MARILHAT.

portraits, au crayon noir rehaussé de blanc, de divers membres de l'Institut qui est au musée de Bordeaux ; l'écriture en est ferme, individuelle et par conséquent intéressante en soi.

L'Histoire retiendra cependant le nom de quelques-uns de ces artistes d'éducation : par la force de la volonté secondée d'une forte culture intellectuelle ils parvinrent à créer des œuvres intéressantes, émouvantes même, malgré l'indigence de leur technique. Tel fut M. Paul Chenavard, l'étrange élève de Ingres que l'on a méconnu et

raillé à l'égal des novateurs que l'Académie accablait de ses malédic-
tions. M. Chenavard (né en 1808) a eu des idées trop grandes pour
son siècle ; il rêvait de vastes décorations symboliques embrassant
l'espace et le temps, où toutes les cosmogonies de l'univers se donnaient rendez-vous. Comme peintre, il voulut être le Michel-Ange
français et ne s'éleva pas au-dessus de Cornélius. Ce n'en est pas
moins une très intéressante figure d'artiste qui tranche par la hauteur
de ses visées avec l'idéal borné de ses contemporains.

Le second Empire, on le sait, aimait à faire grand. Nous ne devons
pas nous étonner qu'il ait étendu sa sollicitude au Grand Art puisque
tout le monde alors s'accordait à en proclamer la déchéance. A cet
effet, il institua un prix de cent mille francs destiné à encourager les
hommes de bonne volonté qui voudraient tenter ce relèvement difficile.
Chenavard fut du nombre ; il se présenta dans la lice armé d'une
énorme toile, ainsi libellée : « Vers la fin des religions antiques et à
l'avènement dans le Ciel de la trinité chrétienne, la Mort, aidée de
l'ange de la Justice et de l'Esprit, frappe les dieux qui doivent périr. »
Il nous faudrait écrire un volume pour décrire par le menu la *Divina
Tragedia*, c'est le nom que Chenavard avait donné à sa composition,
qui est aujourd'hui au Luxembourg. Nous nous bornerons à dire
qu'on en trouva la peinture déplorable, même en se plaçant au point
de vue conventionnel qui était celui de l'artiste ; par contre, il fallut
bien reconnaître qu'il y avait dans ce gigantesque tableau des groupes
fièrement campés, et un grand goût de dessin. On sentait bien que
l'artiste, comme son illustre maître Ingres, « avait mangé du Michel-
Ange » mais il le digérait mal.

Ceci se passait en 1869 ; M. Chenavard avait soixante et un ans
quand il produisit cet ouvrage ; il n'en était pas à son coup d'essai.
Vers 1833, il avait concouru pour deux tableaux dont on voulait
décorer la salle des séances de la Chambre, au Palais-Bourbon ; il ne
réussit pas, — ce vaillant n'a jamais réussi dans les concours, — mais
les artistes, le baron Gros et Delacroix en tête, s'accordèrent à déclarer
que son esquisse était la meilleure : il s'agissait du sujet traité depuis

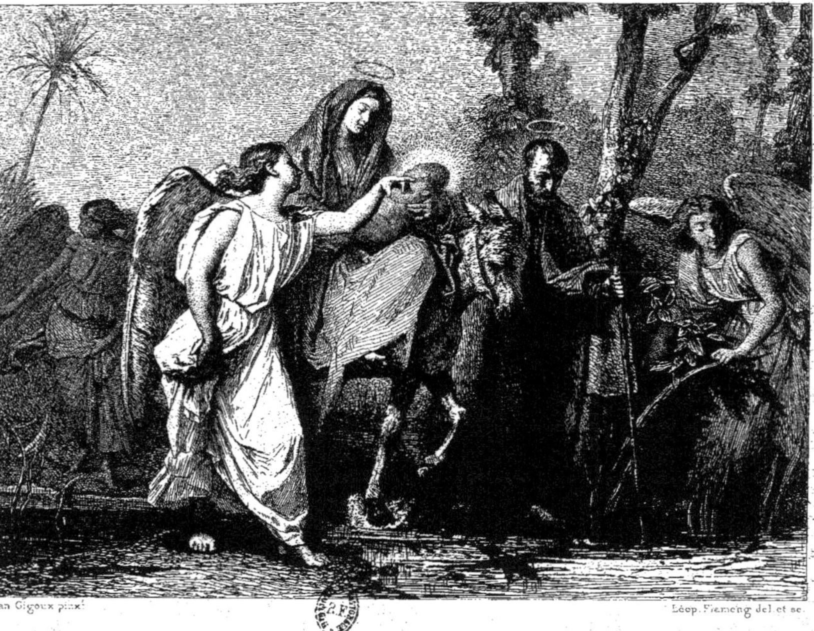

Jean Gigoux pinx^t

Léop. Flameng del et sc.

LA FUITE EN ÉGYPTE

Imp. Taneur, Paris

en sculpture et avec tant de succès par Dalou : *Mirabeau apostrophant le marquis de Dreux-Brézé, aux États généraux de 1789.* Le prince Napoléon possède ou a possédé un très beau dessin exécuté quelques mois plus tard et représentant la *Convention Nationale* au moment où cette assemblée vient de juger Louis XVI. Exposé au Salon de 1833, le dessin dut être retiré sur l'ordre du roi. Louis-Philippe avait été très choqué d'y retrouver le portrait de son père entre Santerre et Marat. Toutes les histoires ne sont pas bonnes à raconter.

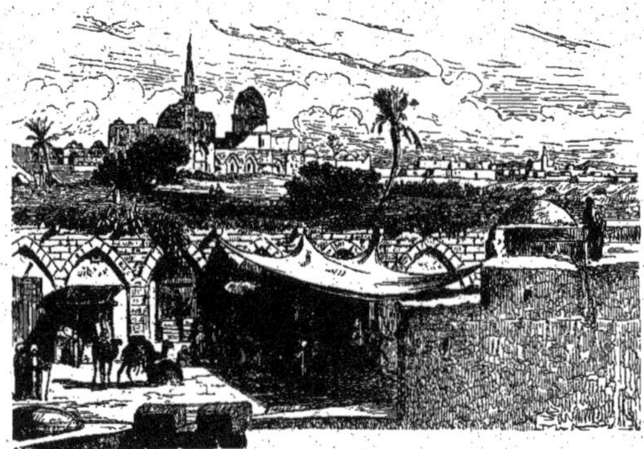

VILLE D'ORIENT, PAR MARILHAT.

M. Chenavard, découragé par ce double échec, s'enfuit de France ; il passa quinze années à l'étranger visitant tous les musées et y faisant, le crayon à la main, une immense collection de souvenirs où il devait se perdre lui-même par la suite, comme ces écrivains trop documentés qui ne savent plus se retrouver dans leurs notes.

Quand vint la Révolution de 1848, M. Chenavard reparut. Il courut au ministère de l'Intérieur et déposa sur la table de Ledru-Rollin un énorme portefeuille de dessins : c'étaient des compositions historiques et symboliques pour la décoration du Panthéon français. « Il avait conçu le plan d'une palingénésie universelle, où il montrerait les transformations successives de l'humanité, les évolutions morales du monde. Les parois du Panthéon se prêtaient à merveille au développement de cette suite de pensées. Toute la partie gauche serait consacrée aux grandes phases de l'histoire antique; toute la partie droite serait réservée à l'ère chrétienne, et le fond du temple devait être occupé par une peinture représentant la *Prédication du Christ sur la montagne*. L'Évangile se trouvait ainsi marquer la fin des temps antiques et le commencement des temps modernes, qui s'arrêteraient à la Révolution Française [1]. » La République de 1848 n'avait pas rayé le nom de Dieu de ses programmes; les prêtres mettaient un empressement marqué à bénir les arbres de la Liberté. Ledru-Rollin fut séduit par l'idée grandiose de M. Chenavard; il lui confia la décoration du Panthéon. Pendant quatre années consécutives, l'artiste vécut dans la fièvre du travail; quarante compositions en dix-huit cartons de six mètres de haut sur trois ou quatre mètres de large dessinés en clair-obscur et tout prêts à être maroufiés sur place, car ce n'étaient pas des esquisses, mais bien les compositions définitives en une sorte de grisaille dont des encadrements architectoniques peints et dorés eussent rehaussé la monochromie... mais on avait compté sans le coup d'État de décembre; trois jours après, le Panthéon était rendu au culte et le pauvre artiste voyait une fois de plus l'écroulement de ses rêves.

Les cartons de M. Chenavard sont aujourd'hui au musée de Lyon : il a eu au moins la consolation de voir sa ville natale recueillir l'œuvre qui lui avait coûté vingt années de travail.

Le doyen de la peinture française, M. Jean-François Gigoux, est né le 8 janvier 1806 à Besançon; d'abord élève de l'Académie de cette ville, il entra à l'école des Beaux-Arts de Paris, en 1828. Peintre et lithographe, M. Gigoux a fourni vaillamment une belle carrière; et, comblé d'ans et d'honneurs, il est encore sur la brèche car son nom figure au livret du Salon de 1890. On lui doit de beaux portraits, brossés

1. Charles Blanc, *Les Artistes de mon temps*, p. 404.

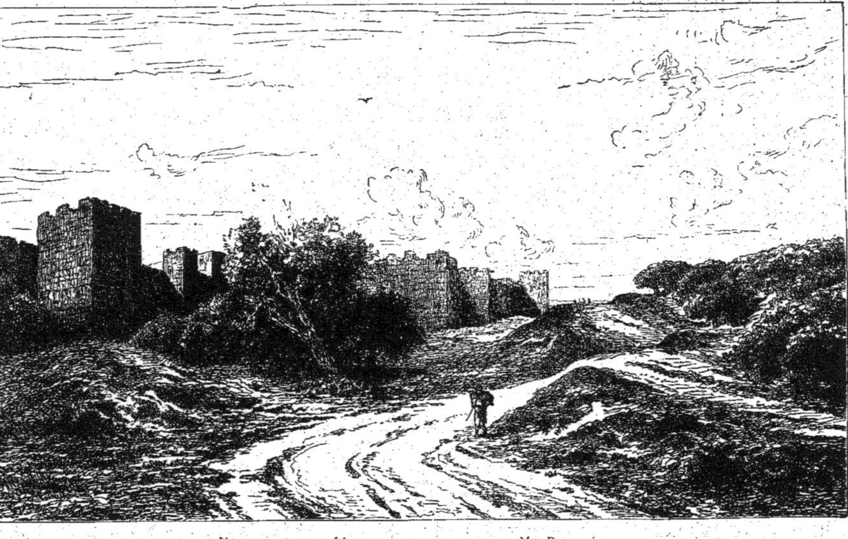

MURAILLES DE JÉRUSALEM, TABLEAU DE M. BERCHÈRE.
(Salon de 1866.)

avec audace et d'une grande intensité de vie ; des tableaux de genre historique, et des tableaux de sainteté. Son œuvre capitale est à Paris dans l'église des Saints Gervais et Protais : M. Gigoux a représenté dans l'une des chapelles quatre sujets empruntés à la vie du Christ. Dans ces peintures qui sont gracieuses sans maniérisme et naturelles sans vulgarité, l'artiste a fait preuve de qualités éminentes ; il s'y montre à la fois bon dessinateur, coloriste délicat et savant ordonnateur, sans que l'on puisse dire que l'une de ces qualités prime l'autre. De cet ensemble résultent d'harmonieuses peintures en parfait accord avec les exigences de la décoration monumentale.

Dans sa jeunesse, M. Gigoux fut un des plus ardents chercheurs de son époque inquiète ; il fit, a dit Charles Blanc, « le tour de toutes les méthodes, peignant tantôt au soleil, tantôt à la lampe, tantôt à la lumière diffuse ». Facile à l'enthousiasme, il s'éprit successivement des maîtres les plus divers et pour un temps s'appropria la manière de chacun : on le vit tour à tour, réaliste à la façon du Guerchin, précis et sec avec Albert Dürer, fougueux avec Géricault, tendre avec Prud'hon. Sur le tard, reprenant son ancienne vigueur naturelle il sut la tempérer par une gravité de tenue qu'on ne lui connaissait pas. Sa peinture confine au style ancien, mais elle est toujours documentée à la moderne, c'est-à-dire directement éclairée par la nature. Cette posture entre les deux, lui valut en même temps la faveur des romantiques et les bonnes grâces des académiques.

Sans entrer dans le détail de son œuvre, nous rappellerons qu'il est l'auteur d'une *Cléopâtre* qui partagea avec la *Médée* de Delacroix, les honneurs du Salon de 1837, d'un important tableau d'histoire : *Les derniers moments de Léonard de Vinci*, au musée de Besançon, et d'une *Galatée* que l'on considère comme l'une des figures les mieux peintes de notre école. Ses illustrations de *Gil Blas*, enfin, et diverses lithographies publiées dans l'*Artiste*, passent avec raison pour des chefs-d'œuvre du genre.

L'école de Ingres a enfanté beaucoup d'hommes de réel talent ;

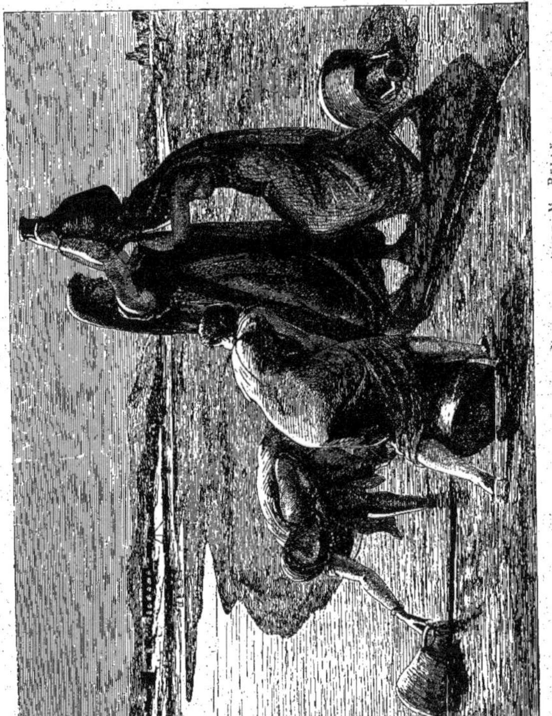

Femmes fellahs au bord du Nil, tableau de M. Belly.

en première ligne, nous placerons Hippolyte Flandrin (1809-1864) : ce fut un artiste supérieur et un homme de bien. Il a honoré l'école française à la fois par la dignité de ses œuvres et par la dignité de sa vie. Ses titres de gloire sont inscrits dans diverses églises de Paris et de la province ; nul, de notre temps, n'a m.eux compris la peinture religieuse ; il y apporta une grande élévation de pensée, un profond sentiment et une pratique des plus nobles.

Jean-Hippolyte Flandrin naquit à Lyon, le 23 mai 1809. Son père était peintre ; deux de ses frères le furent également : Paul, nous l'avons vu, occupe un rang distingué parmi les paysagistes qui s'obstinèrent dans la tradition du paysage historique. Tous firent leur première éducation à l'École des Beaux-Arts de Lyon demeurée, pendant la première moitié de ce siècle, la citadelle de l'art traditionnel. Hippolyte et Paul vinrent ensemble à Paris en 1829 ; le concours leur ouvrit les portes de l'École des Beaux-Arts ; en même temps, ils se firent admettre dans l'atelier de Ingres. Ce fut, pour les deux jeunes gens, une époque de grande misère : bien souvent le pain leur manqua, ils dînaient d'un sou de miel et d'un sou de pommes de terre, arrosées d'eau claire, que Paul, un vase à la main, recueillait en suivant les tonneaux d'eau filtrée qui circulaient dans les rues. Prix de Rome en 1831, Hippolyte quitta la villa Médicis au terme de sa pension, emportant les regrets de tous ses camarades. Ingres qui était, depuis peu, directeur de l'Académie de France, s'écria en le voyant partir : « J'ai perdu mon bras droit ! »

Ses débuts, au Salon de 1836, lui valurent une médaille d'or ; il avait exposé un sujet emprunté à la *Divine Comédie*. Ce merveilleux poème l'enchanta toute sa vie ; ce fut, avec les Livres Saints, sa lecture favorite. Le *Dante et Virgile visitant les envieux frappés d'aveuglement* est aujourd'hui au musée de Lyon. On sait que Flandrin a peint peu de tableaux ; son œuvre se compose surtout de grands travaux décoratifs et de portraits ; nous citerons parmi les tableaux celui que le maître lui-même estimait le plus : c'est un *Saint Clair rendant la vue aux aveugles*, exécuté pour la cathédrale de Nantes.

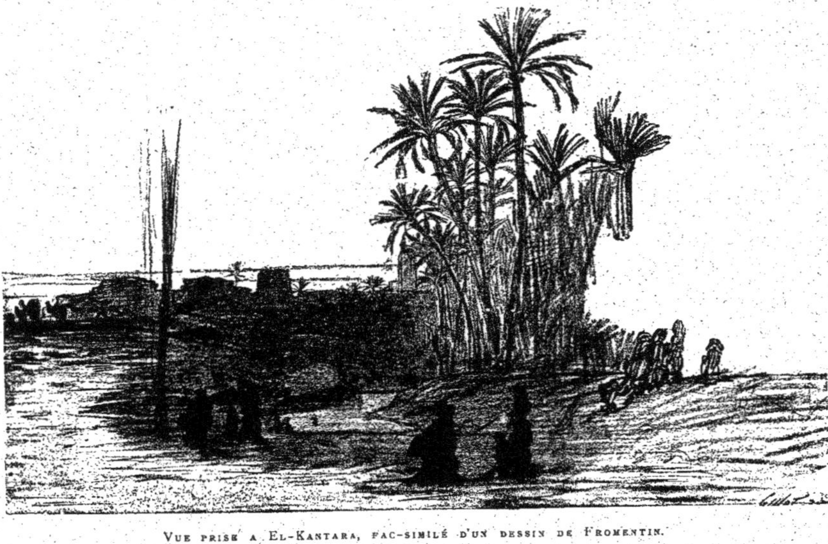

Vue prise a El-Kantara, fac-similé d'un dessin de Fromentin.

C'est dans les églises que sont déposés les plus beaux fruits de la haute intelligence et du sentiment artiste de Flandrin. A Paris, la chapelle Saint-Jean, de Saint-Séverin, les murs de Saint-Germain des Prés et de Saint-Vincent-de-Paul, renferment de lui des pages émouvantes dignes d'être rapprochées des plus belles qu'ait produites l'ancienne école florentine. Toutes les figures de ses vastes compositions, d'un dessin large et souple, et ajustées avec une rare distinction, frappent par la grandeur du caractère. A Nîmes, enfin, dans la nouvelle église Saint-Paul, se trouvent des œuvres peut-être plus parfaites encore ; la beauté de l'ordonnance générale et des attitudes, l'exécution soignée des têtes, des extrémités et des draperies, font de ces peintures le monument le plus précieux de grand art décoratif qui soit sorti des pinceaux du maître.

Hippolyte Flandrin, membre de l'Institut et comblé des faveurs officielles, ne fut pas, comme on pourrait le croire, un retardataire de la peinture. Profond admirateur du passé, pénétré de la grandeur des traditions que ses maîtres et l'étude des chefs-d'œuvre en Italie lui avaient apprises, il n'en voulut pas moins être un artiste de son temps. A l'idéal austère que son âme d'artiste avait puisé dans la contemplation des primitifs et des peintres naïfs des Catacombes, il a cru devoir appliquer l'austérité des moyens, mais il n'ignorait aucune des ressources de son art. La pensée chez lui était haute et le bras bien armé. Parmi les cinquante ou soixante portraits qu'il a signés, quelques-uns sont restés justement célèbres. On a dit que les femmes honnêtes aimaient à se faire peindre par lui ; le fait est que ses portraits respirent l'honnêteté ; ils ont une grâce intime, presque religieuse, dont le charme fut d'autant plus apprécié des belles dames du second Empire qu'il contrastait davantage avec la physionomie morale de l'époque. Flandrin se refusa, dit-on, à peindre plus de deux cents portraits qui lui étaient demandés, prétextant ses grands travaux de décoration ; rien ne put le fléchir, ni les recommandations, ni les charmes de la demanderesse, ni son argent. Une d'elles alla jusqu'à lui offrir 80,000 francs ; elle fut éconduite ; il est vrai que c'était une demi-

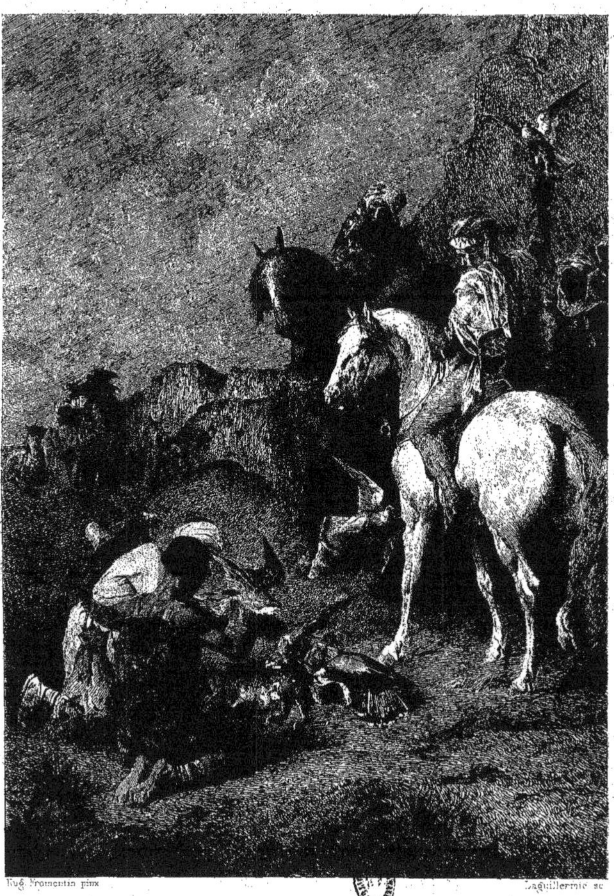

LA CURÉE

Imp. Taneur, Paris

mondaine fort connue. Flandrin, que l'on a accusé d'imiter certains peintres du xvᵉ siècle, avait des pudeurs d'artiste que ceux-ci con-

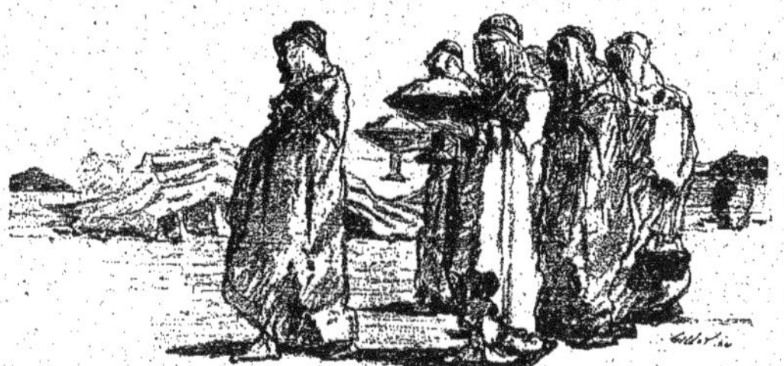

ÉTUDE POUR « LA DIFFA », PAR E. FROMENTIN.

nurent rarement. Dans ses dernières années, Hippolyte Flandrin, dont la santé était gravement atteinte, voulut revoir cette Italie à qui il

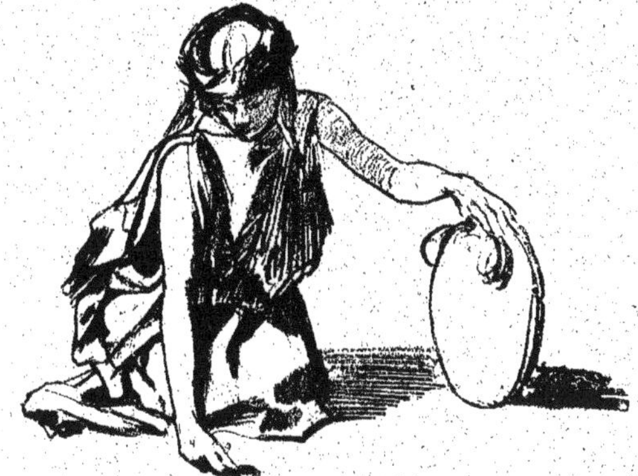

ÉTUDE POUR LES « OULED-NALYS », PAR E. FROMENTIN.

devait l'éclosion et le développement de son talent, il n'en revint pas : la mort le surprit à Rome le 21 mars 1864.

Rattachons à Flandrin son élève Bellet du Poisat dont nous avons gravé le tableau capital : *Entrée des Hussites au concile de Bâle*. Plus habiles et d'une extrême fécondité, Émile Signol et Matout se sont distingués à la fois dans la peinture religieuse et la peinture d'histoire ; ce sont des gloires d'un autre âge ; oubliés plus que de raison à notre époque, ils méritent au moins le souvenir rapide que nous donnons à leur talent.

Léon Benouville (1821-1859) représente avec distinction l'art des « forts en thème » ; nous avons en lui un excellent exemple de ce que peut produire l'École de Rome quand on lui livre des sujets bien entraînés par les études premières et doués d'un esprit supérieur. Benouville n'a vécu que trente-huit ans : il faut tenir compte de cette circonstance dans l'appréciation de ses œuvres ; peut-être n'a-t-il pas eu le temps de donner la mesure de son talent. Tels quels, les *Martyrs dans le cirque*, — le dessin envoyé de Rome est bien supérieur à la peinture qui figura à l'Exposition de 1855, — la *Mort de saint François d'Assise*, son chef-d'œuvre, popularisé par la gravure, et la *Jeanne d'Arc*, exposée après la mort de l'artiste au Salon de 1859, font honneur à l'École française. Ce ne sont pas seulement des œuvres de conscience et de travail ; nulle part, de nos jours, si ce n'est dans les peintures de Flandrin, le sentiment chrétien n'a été exprimé avec autant d'émotion intime et de mélancolie.

A d'autres points de vue, le nom de Dominique Papety (1815-1849) ne saurait être passé sous silence. Esprit ouvert à toutes les impressions et particulièrement habile à les fixer sur le papier, il ne parvint jamais à se créer une manière personnelle. D'ailleurs, s'il exécutait brillamment le « morceau », il était incapable de mettre sur pied une composition importante. On lui doit le *Rêve de bonheur;* paraphrase en image des utopies de la doctrine fouriériste, ce tableau représentait un phalanstère idéal peuplé de jeunes femmes et de jeunes hommes nonchalamment couchés parmi les fleurs, et qui, malheureusement, semblaient des figures de cire. Papety a été le collaborateur de Chenavard dans la confection des fameux cartons qui devaient décorer le Panthéon.

Théodore Chassériau (1819-1856) compte au premier rang des disciples de Ingres. Il eut, comme lui, un certain sentiment de la grandeur, du style, si l'on préfère, et en même temps un tempérament de coloriste qui permet de le rapprocher d'Eugène Delacroix. Il voulut fondre les deux maîtres en un seul qui serait lui. Mais la nature ne lui

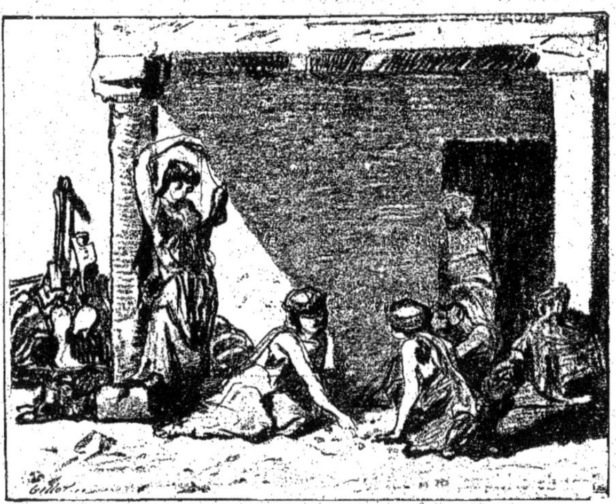

FEMMES DE LA TRIBU DES OULED-NALYS, DESSIN DE FROMENTIN.

avait pas donné des forces suffisantes pour mener de front des ambitions aussi disparates. Chassériau a laissé des peintures d'un haut intérêt : on ne peut dire davantage. La *Vénus Anadyomène*, le *Tepidarium de Pompeï*, au musée du Luxembourg, une chapelle à Saint-Merry de Paris et les peintures murales du grand escalier de la Cour des comptes, malheureusement fort dégradées par l'incendie de la Commune et l'abandon où elles ont été laissées depuis cette époque, sont les meilleures pages de son œuvre.

Les élèves de Ingres étaient soumis à une forte discipline, mais le maître ne tenait nullement à en faire des imitateurs de sa manière. D'aucuns, comme Lehmann, Cornu, les frères Balze et Ziégler, ne purent jamais rien produire sans être tenus à la lisière par la forte main de leur chef, mais c'est leur faiblesse extrême qu'il faut incriminer et non le mode d'éducation auquel ils furent soumis. Ceux qui avaient quelque chose en eux ne se sentirent nullement empêchés de l'exprimer; il y a lieu de croire, au contraire, que, privés des conseils du peintre d'*Homère* et de *Stratonice*, ils eussent difficilement trouvé en eux-mêmes de meilleures formules pour rendre leur pensée. Tels sont H. Flandrin, Chenavard et Chassériau, tel nous semble également un peintre qui ne les vaut pas, mais dont cependant la place est marquée dans cette histoire de la peinture au xix° siècle : Amaury-Duval (né à Paris en 1808). Dans ses peintures d'église comme dans ses portraits et ses études de nu, la *Jeune fille*, par exemple, dont nous donnons une gravure, cet artiste n'a pas été seulement un peintre correct et bien intentionné, il a eu une remarquable intuition de la grâce. Le charme n'est pas une des vertus ordinaires des peintres issus de l'atelier de Ingres : il convenait de noter sa présence dans l'œuvre d'Amaury-Duval.

Notons aussi au passage Ch. Timbal (1821-1880), qui fut un assez médiocre desservant de la grande peinture, mais il avait un certain talent de critique, et il sut former avec beaucoup de goût une importante collection d'objets d'art des xv° et xvi° siècles italiens, laquelle fut acquise, après les évènements de 1870, par M. Dreyfus.

Dans un livre comme celui-ci, où il faut, autant que possible, grouper les écoles, l'ordre chronologique ne saurait être observé sans entraîner à des redites fastidieuses. Nous avons laissé en route quelques peintres de valeur, nous devons aller les reprendre pour que le dénombrement de nos forces dans l'art au xix° siècle ne soit pas par trop incomplet.

L'apparition d'Eugène Devéria à ce bienheureux Salon de 1827, qui marqua l'avènement de nouvelles couches artistes et l'effondrement

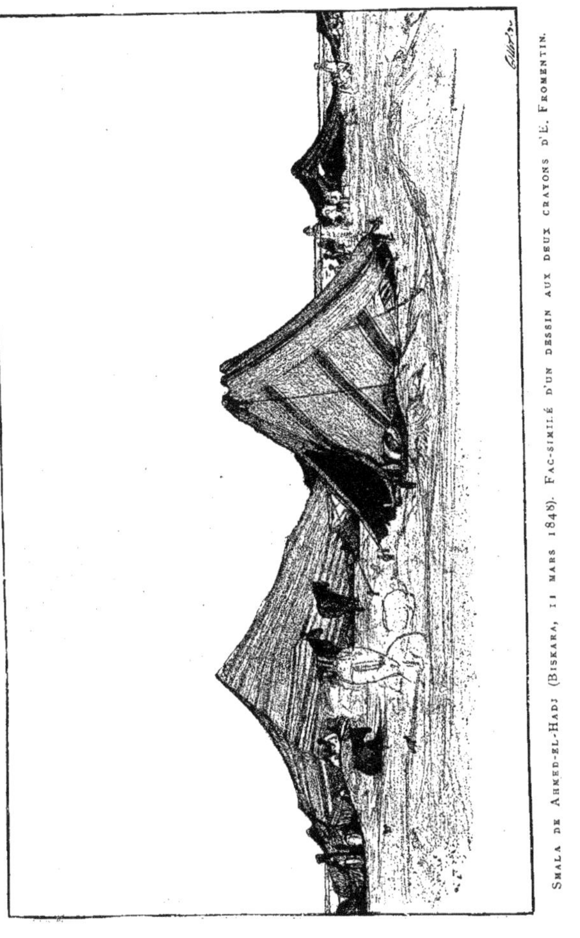

Smala de Ahmed-el-Hadj (Biskara, 11 mars 1848). Fac-similé d'un dessin aux deux crayons d'E. Fromentin.

des vieilles doctrines, fut saluée comme la venue au monde d'un nouveau Véronèse. Il fallut bientôt en rabattre, mais l'effet était produit, l'impulsion donnée; d'autres prirent le drapeau en main et le conduisirent à la victoire. Devéria a été le peintre d'un seul tableau : pour son coup d'essai, il fit un coup de maître, mais n'alla pas plus loin. La *Naissance d'Henri IV* mettait en scène, pour la première fois dans une peinture d'histoire, des personnages et des sentiments en parfait accord avec le sujet représenté et l'époque où il se place. L'idée était hardie, la peinture ne l'était pas moins. Devéria venait de surprendre, pour un instant, les secrets des grands décorateurs vénitiens et flamands; la composition est vivante et bien équilibrée, le morceau remarquablement peint, en coloriste qui joue des tons éclatants sans rompre l'unité.

Eugène Devéria, à la suite de son succès, ne parut plus en public que vêtu d'un costume à la Rubens; sa maison devint le centre de ralliement du romantisme; les peintres y coudoyaient les littérateurs et l'on y immolait en commun les vieilles barbes de l'Institut. Son frère Achille pourvoyait aux frais du culte par un travail incessant de dessinateur et de lithographe, où il a dépensé son talent, qui eût pu être mieux employé. Quand nous aurons ajouté à la *Naissance d'Henri IV* le plafond du Louvre où *Louis XIV et Puget* sont représentés dans les jardins de Versailles, nous serons sûrs de n'avoir omis aucune des peintures d'Eugène Devéria qui mérite d'être relevée. D'ailleurs, cet artiste se retira de bonne heure de la lice, emporté par son esprit mystique, qui le jeta, vers 1830, dans le protestantisme, avec les mêmes ardeurs de catéchiste qu'il avait mises au service de l'évolution romantique. Il mourut à Paris en 1865.

Son frère en romantisme et son ami, qui porta comme lui le feutre à larges bords, de grands collets de velours rabattus et la cape à l'espagnole, Amaury-Duval, finit, nous l'avons vu, dans la peau d'un bon bourgeois de la peinture.

Une figure très intéressante est celle de Louis Boulanger (1806-1867); il fut, dans la peinture et dans la lithographie, le commentateur fidèle de la littérature romantique, ce qui lui valut l'amitié et les louanges de Victor Hugo, de Théophile Gautier et du lycanthrope Petrus Borel.

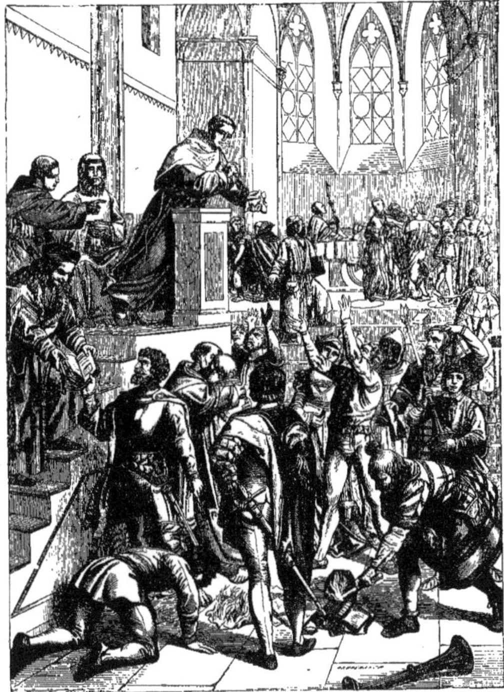

LUTHER, PAR CHENAVARD.

« Il a donné très exactement la formule pittoresque des conceptions étranges, des hallucinations et des visions de ces poètes », a dit Ernest Chesneau dans son livre sur les peintres romantiques. Les lithogra-

phies sont particulièrement intéressantes à consulter pour se rendre
compte de l'état d'esprit où la lecture de Shakespeare, de Gœthe, de
Byron et des écrivains que nous venons de citer avait plongé cet élève
de Guillon-Lethière : on y voit des spectres aux ailes de chauve-souris
soulevant la pierre d'une tombe ; l'un d'eux fait la toilette de la morte,
« passe les doigts noueux de sa main de squelette sous ses cheveux
longs et flottants ». Mais ceci n'est rien auprès de ses deux planches
la *Ronde du sabbat* et la *Saint-Barthélemy* : ce sont des visions maca-
bres à donner le frisson aux « bourgeois », aux « Philistins », comme
on disait alors.

Louis Boulanger, peintre, ne doit pas non plus être oublié : il a
laissé trois tableaux, où de très réelles facultés d'artiste font passer sur
des défauts trop évidents et imputables aux écarts d'imagination qui
signalèrent cette époque : un *Mazeppa*, au musée de Rouen ; *Bailly
marchant au supplice*, et le *Triomphe de Pétrarque*, une toile de 8 mètres
de longueur, où Gustave Planche vit une « poétique et splendide
apothéose du génie ». Tableaux plus remarquables, d'ailleurs, par les
qualités d'invention que par leur mérite plastique. Louis Boulanger,
encombré par ses souvenirs des maîtres anciens, ne parvint jamais à
se créer une facture originale : il coula l'esthétique nouvelle dans de
vieux moules. Il mourut, en 1867, directeur du musée de Dijon.

Parmi les illustrations de 1830, il est encore deux peintres dont
nous devons dire quelques mots, car s'ils ne sont pas nés en France,
leur œuvre a été enfantée chez nous, et ils ont pris une grande part à la
rénovation de notre École. Nous voulons parler d'Ary Scheffer,
né en Hollande (1795-1858), et de Léopold Robert, originaire de
Suisse (1794-1835).

L'on hésite aujourd'hui à considérer ces artistes comme des novateurs ; ils furent cependant, à leur époque, parmi les plus hardis de
la phalange qui secoua le joug académique. Pour les estimer à leur
véritable valeur, il suffit de voir où en était la peinture de genre quand
ils produisirent leurs premiers tableaux : le vieux fonds pittoresque
des Martin Drolling et des Louis Hersent, épuisé et fané par l'usage,

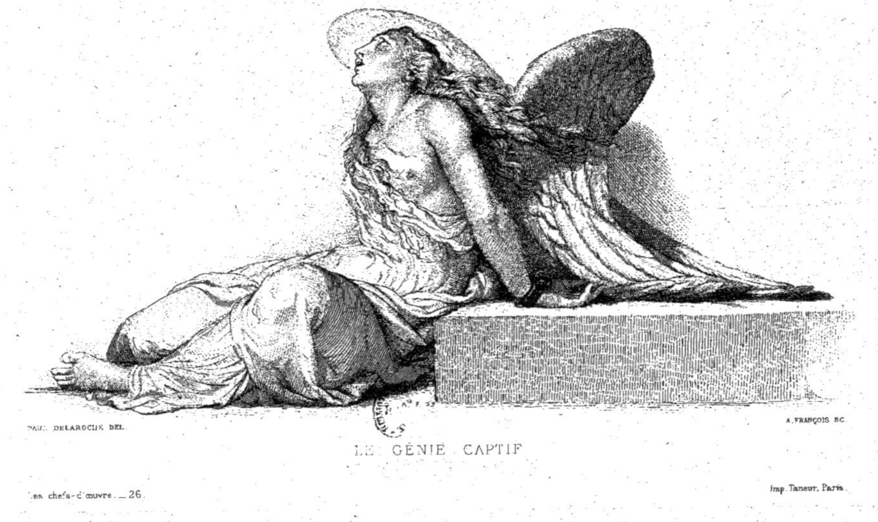

PAUL DELAROCHE DEL.

A. FRANÇOIS SC.

LE GÉNIE CAPTIF

Imp. Taneur, Paris.

appelait un renouvellement complet. Ary Scheffer y introduisit un sentiment élevé et quelques grains de poésie : ce fut malheureusement un médiocre ouvrier, et maintenant, épris comme nous le sommes de la virtuosité dans le rendu, nous avons peine à goûter des œuvres

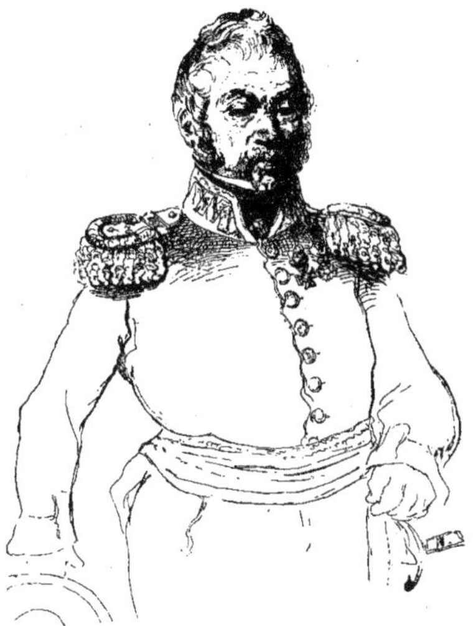

PORTRAIT DU LIEUTENANT GÉNÉRAL DWERNICKI,
PAR M. J.-F. GIGOUX.

telles que la *Marguerite*, *Mignon*, *Saint Augustin et sa mère sainte Monique ;* la fadeur de ces peintures exsangues et anémiées nous paraît insupportable ; mais nous nous reprenons presque à les aimer quand nous les voyons en gravure ; le noir leur va infiniment mieux que la toilette imaginée par le peintre.

Léopold Robert, lui, eut une palette plus brillante ; il a passé longtemps pour un coloriste fougueux parce qu'il ne craignait pas les empâtements. Il y a réellement de la chaleur et de la lumière dans les *Mois-sonneurs* et les *Pêcheurs de l'Adriatique* : ce qui gâte ces peintures c'est une recherche excessive de la *tournure :* tous les personnages posent comme des acteurs en scène, avec des airs de mélancolie dont la mode a passé, et puis le dessin en est généralement faible. Il faut croire cependant que ce genre ne déplaît pas à tout le monde puisque les *Pêcheurs de l'Adriatique,* lors de la vente Paturle, en 1873, ont atteint l'enchère respectable de 94,000 francs.

François Granet (1775-1849), Victor Schnetz (1787-1878) et Robert-Fleury (1797-1889) contribuèrent également sinon au relèvement au moins à l'émancipation de la peinture de genre.

Les « Intérieurs » de Granet sont célèbres; la précision du dessin, l'habile distribution de la lumière atténuent aux yeux du public la sécheresse de ces peintures.

Victor Schnetz, né à Versailles le 15 mai 1787, étudia d'abord sous la direction de David. Ses seuls envois aux Salons annuels comprennent une centaine de tableaux, où il a embrassé tous les genres, sauf le portrait. D'un dessin ferme et hardi de ton, ses peintures manquent généralement d'enveloppe; il ignore l'art des transitions. Membre de l'Institut, deux fois directeur de l'Académie de France à Rome, Schnetz a été un des hommes considérables de son temps.

Robert-Fleury naquit à Cologne, alors chef-lieu d'un département français, le 8 août 1797; il est mort à Paris en mai 1890. Depuis plus de vingt ans il avait cessé d'exposer; son art, vieilli bien avant lui, datait du romantisme; l'auteur du *Charles-Quint au monastère de Saint-Just* et de tant d'autres toiles autrefois populaires n'est plus pour nous qu'un nom dans l'histoire; la fougue de ses peintures, aux colorations intenses, est désormais insuffisante à masquer leur irrémédiable faiblesse.

La biographie de Paul Delaroche est fort instructive; elle nous montre combien il est important pour la carrière d'un peintre qu'il soit en parfait accord d'idées et de sentiments avec son époque; elle

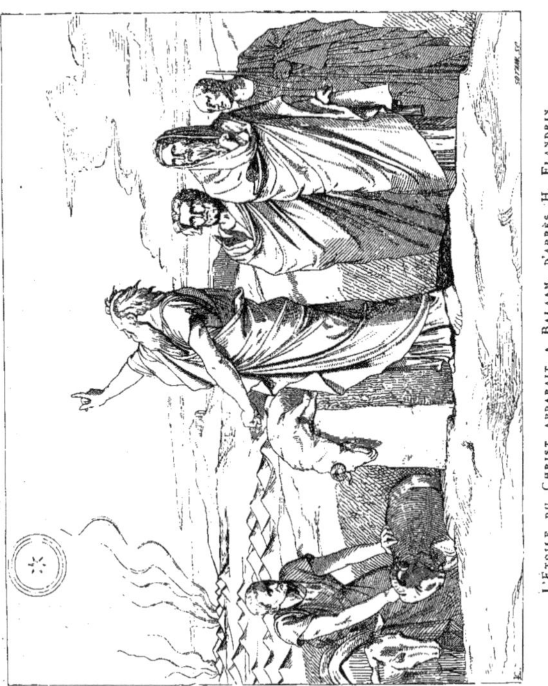

L'Étoile du Christ apparaît à Balaam, d'après H. Flandrin.

nous apprend également quel appoint considérable donnent à ses chances de réussite la dignité des manières et l'esprit joint à une bienveillance savamment hautaine.

Hippolyte, *dit* Paul Delaroche, naquit à Paris, le 17 juillet 1792, au sein d'une famille bourgeoise où les arts étaient tenus en grand honneur : son père faisait profession d'expert en tableaux. Élève de Watelet, il s'essaya d'abord dans le paysage pour ne pas marcher sur les traces de son frère aîné déjà engagé dans la peinture d'histoire ; mais celui-ci ayant renoncé à la carrière, Paul devint libre de suivre son goût : il entra chez Gros. A vrai dire ses premières études ne furent guère sérieuses : il y suppléa plus tard à force d'adresse et d'intelligence.

Ne se sentant pas de force à triompher dans la grande peinture d'histoire, il tenta d'élever le genre à la hauteur de celle-ci. Le moment était admirablement choisi pour faire cette épreuve : l'école historique venait de triompher dans la littérature, et la révolution de 1830 avait déterminé l'avènement de la bourgeoisie. Paul Delaroche se lança dans une grande entreprise de peinture d'histoire à l'usage des bourgeois. Richelieu, Mazarin, Cromwell, le duc de Guise, Jane Grey, Strafford, lui fournirent des sujets de tableaux, où il accumula les caractères de vraisemblance, en mettant tous ses soins à reconstituer fidèlement les traits des personnages, leurs costumes, le mobilier de l'époque : en résumé, il fut le premier à faire de la peinture exactement documentée. On lui a tenu grand compte dans l'opinion publique de ce respect de l'histoire qui jusqu'à lui n'avait guère été dans les mœurs de la peinture. D'ailleurs, il possédait un réel talent d'exposition : il savait assez de dessin et de couleur pour écrire correctement et surtout lisiblement ses ouvrages, et c'était un metteur en scène de premier ordre.

La société bourgeoise de l'époque, j'y comprends l'Académie, le monde officiel et généralement tous les gens arrivés à la faveur de la révolution de 1830, lui attribua un rôle prépondérant dans l'art français ; son esthétique donnait satisfaction au goût sagement pondéré du temps ; volontiers on lui eût demandé de rédiger une charte de l'art.

HIPte FLANDRIN PINXt
J.B PONCET SCULPt

ADAM ET ÈVE

les chefs-d'œuvre _ 29.
Imp Tancur Paris

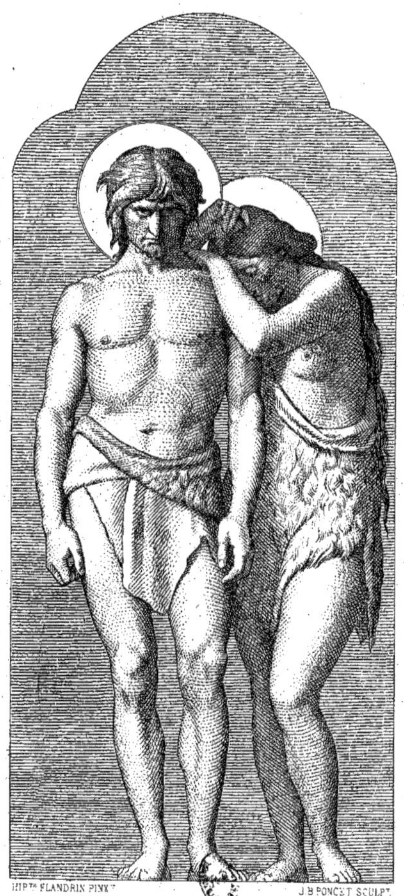

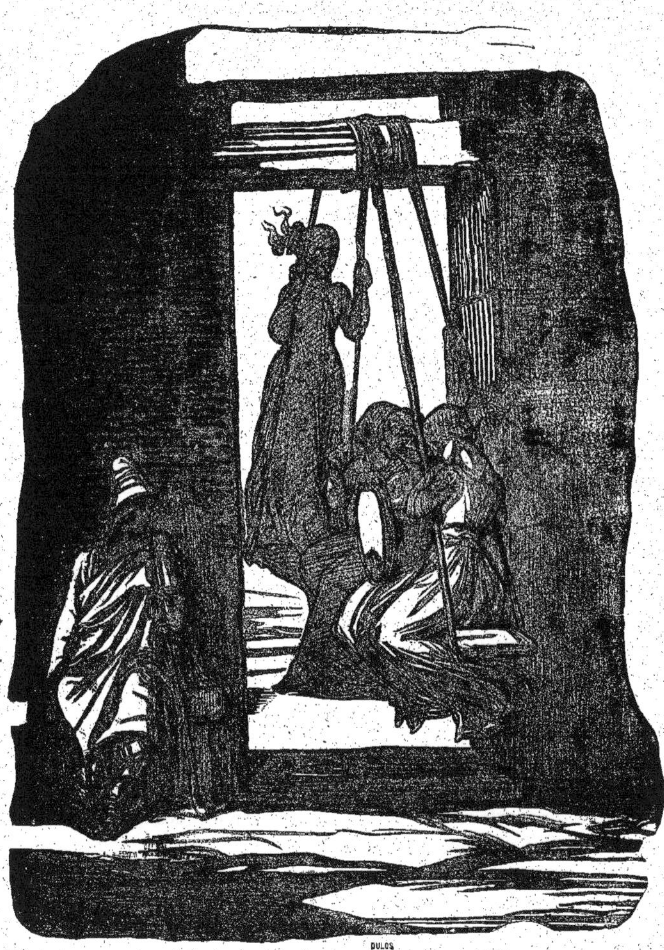

Jeunes Romaines se balançant, fac-similé d'un dessin d'Hippolyte Flandrin.

Delaroche répudiait ouvertement l'ancien régime de la peinture, et en même temps la bonne tenue, la dignité de ses tableaux rassurait les conservateurs que les audaces du romantisme avaient affolés. On lui fit une grande force de ce juste milieu où il se tenait par impossibilité d'en sortir. Et puis ses manières dignes, l'honorabilité de sa vie rehaussaient en lui le métier d'artiste que l'on était accoutumé de considérer comme le refuge des déclassés.

D'ailleurs il était sincère et modeste, ce qui prouve que son intelligence fut réellement supérieure. Comme l'administration des Beaux-Arts, avec le flair dont elle est coutumière, au lendemain du succès de son *Cromwell*, tableau de genre, lui demandait de se charger des peintures de la Madeleine, Delaroche, qui se connaissait, hésita beaucoup avant d'accepter. « Je vous avoue, écrivait-il à un ami, qu'à première vue, la proposition m'a fait peur. J'ai si bien compris ce qui me manquait pour accomplir une pareille tâche, que je me suis laissé aller d'abord à la tentation de refuser. Tout bien considéré, pourtant, j'ai changé d'avis. Je suis peintre, et je dois à l'art, je me dois à moi-même de ne reculer devant aucun effort. J'irai faire mon noviciat en Italie, et quand je me sentirai bien approvisionné, je reviendrai me mettre à l'œuvre. » Il partit, en effet, au mois de juin 1834, et travailla beaucoup en Italie, peignant le nu, notamment, qu'il ignorait. Quand il revint, la place était occupée par un autre. La même administration des Beaux-Arts avait confié à Ziégler une partie du travail, au mépris de ses engagements.

Delaroche, justement blessé du procédé, et peut-être heureux, au fond, de reprendre sa parole, renonça à la besogne et rendit au ministère les 20,000 francs qu'on lui avait remis pour les études préparatoires.

Cependant, il n'avait pas abandonné son projet de montrer qu'il ne reculait devant aucun effort. Mal lui en prit, car une *Sainte Cécile*, où il croyait escalader les cimes du grand art, n'aboutit qu'à démontrer sa trop réelle faiblesse. La critique se montra si dure à propos de cette œuvre, que Delaroche prit le parti de ne plus rien envoyer aux expositions publiques.

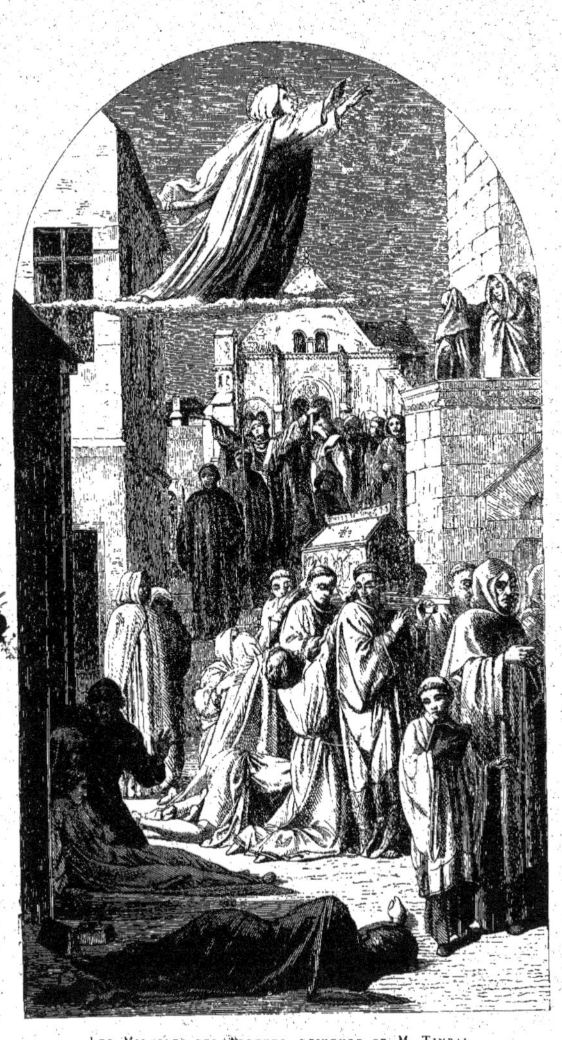

LES MIRACLES DES ARDENTS, PEINTURE DE M. TIMBAL.

D'ailleurs, cet insuccès ne lui enleva nullement l'estime de la bourgeoisie lettrée : on mit son insuffisance à rendre un sujet religieux sur
le compte du scepticisme régnant, et le « grand historien » fut respec-
tueusement invité à reprendre la rédaction de ses annales. Mais lui
n'avait pas renoncé à son rêve de peinture murale et quand on lui
proposa de peindre l'hémicycle de la salle des Prix, à l'École des
beaux-arts, il accepta sans se faire prier.

L'*Hémicycle* de Paul Delaroche est resté célèbre ; la belle gravure
d'Henriquel Dupont y est bien pour quelque chose, mais la part du
peintre n'en reste pas moins considérable. Il est incontestable que
l'effort accuse des progrès qu'on n'eût pas attendus, à cette période
avancée de son existence, d'un peintre voué aux travaux de chevalet.
Prenant cette grande peinture pour ce qu'elle est, soit une galerie de
portraits d'artistes groupés autour d'une Renommée qui distribue des
couronnes, nous admirerons volontiers l'allure intelligente et fine de
la plupart, la justesse de la pantomime, l'exactitude des ajustements ;
mais nous nous refusons à y voir une peinture monumentale. Une
telle mêlée d'hommes illustres, de tous les temps et de tous les pays,
artificiellement rapprochés autour de quelques figures nues qui semblent des modèles posant dans l'atelier collectif des maîtres de l'art, ne
rentre pas dans les conditions de la grande peinture. Cette double
recherche du réalisme dans les figures et du symbolisme dans la composition aboutit à un contresens qui déconcerte la raison. Pour racheter
ce vice d'incohérence esthétique, il eût fallu déployer des qualités
exceptionnelles dans l'exécution. Delaroche n'en était pas capable : au
contraire, le grandissement du cadre ne nous fait que mieux sentir
l'indigence de sa palette et la pauvreté de son dessin. Tentative honorable, soit, mais n'allons pas plus loin dans la louange.

Il n'y a rien de particulier à dire au sujet des nombreux portraits
que peignit Paul Delaroche ; il s'est acquitté avec sa conscience habituelle de cette partie difficile de l'art. Le peintre a suffisamment bien
rendu la physionomie de ses modèles, mais il a oublié de signer ses

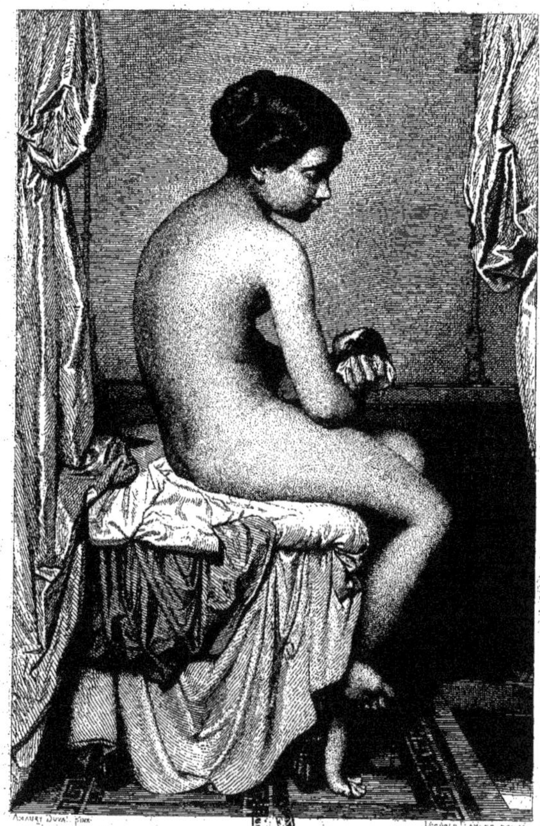

JEUNE FILLE

Imp. Tancur, Paris.

toiles d'une qualité ou même d'un défaut qui le fasse, lui, immédiatement reconnaître.

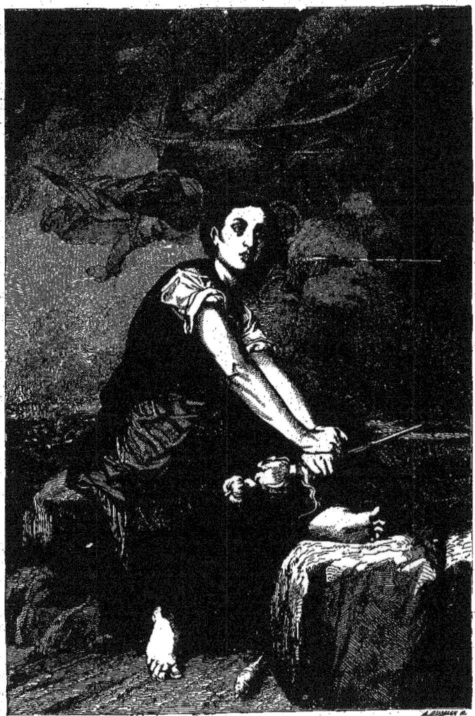

JEANNE D'ARC, D'APRÈS UN TABLEAU DE M. BENOUVILLE.
(Salon de 1859.)

Paul Delaroche mourut le 4 novembre 1856. Dans les derniers
temps de sa vie, il fit quelques tentatives de peinture religieuse où il

semble que son sentiment d'artiste se soit affiné en même temps que sa main devenait plus souple. Mais ces tardives et d'ailleurs insuffisantes manifestations d'un véritable talent de peintre ne suffiraient pas à sauver sa mémoire, si ses collaborateurs de la gravure ne lui venaient en aide. Les œuvres du Titien de Louis-Philippe sont déjà tombées dans un discrédit profond; on continuera longtemps encore à apprécier les belles planches qu'en ont faites Henriquel Dupont et Mercuri.

Le portraitiste Gustave Ricard (1823-1872), fut un ardent chercheur de tons rares; il a laissé de charmantes peintures. Son savoir n'était pas considérable, mais il avait beaucoup de goût. Nul ne connut mieux que lui ses faiblesses, aussi borna-t-il son ambition à faire ce qu'il pouvait bien faire. On a de lui quelques portraits de femmes vraiment attrayants. La saveur exquise des colorations y fait pardonner l'insuffisance du dessin : certains seraient des chefs-d'œuvre n'était ce vice fondamental. Ce que Ricard a le mieux connu, c'est l'art de préparer et d'harmoniser ses colorations; il l'avait appris en Italie devant les toiles du Titien et du Corrège : ce furent les seuls maîtres qu'il étudia sérieusement; ils lui donnèrent quelques-unes de leurs qualités, mais, en retour, le condamnèrent à marcher à leur suite, alors qu'une étude attentive de la nature eût peut-être développé en lui un talent original, car il était remarquablement doué.

Quand Thomas Couture mourut, en 1879, ce fut un étonnement général. Il y avait si longtemps qu'on le croyait enterré ! C'est le sort de ces acteurs qui, ayant à un moment de leur vie, démesurément occupé l'attention publique, disparaissent subitement de la scène après deux ou trois chutes où l'on a pris la mesure exacte de leur talent. Le peintre des *Romains de la décadence* n'en est pas moins un artiste de mérite. Après l'avoir porté aux nues contre toute justice, on a eu le tort de le railler sans pitié. Le caractère batailleur de l'homme y fut d'ailleurs pour quelque chose : son esprit de dénigrement, ses écrits lui firent beaucoup d'ennemis, notamment parmi les admirateurs d'Eugène Delacroix qu'il avait critiqué sans mesure.

Thomas Couture, né en 1815, était le fils d'un sabotier. Élève de Gros, puis de Paul Delaroche, il remporta un second prix à l'École des Beaux-Arts. Il connaissait donc ses auteurs; ajoutons à cela qu'il

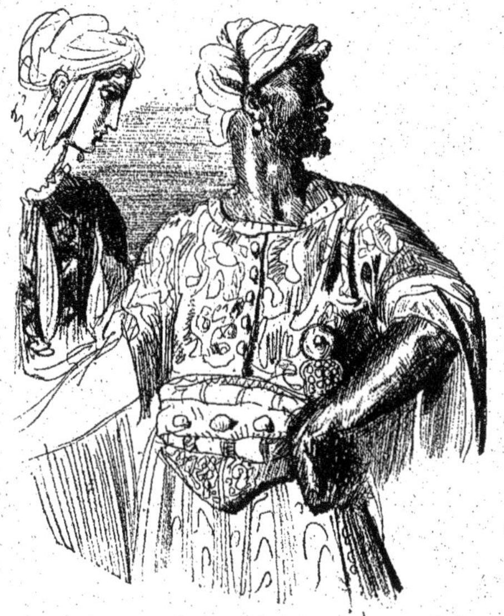

ÉTUDE POUR LA SUITE D' « OTHELLO », PAR THÉODORE CHASSÉRIAU.
(Dessin de l'artiste.)

était doué d'une remarquable adresse. Au Salon de 1843, il obtint un vif succès avec son *Trouvère*, jolie toile dans le goût de Devéria, avec de rares et charmantes qualités de coloris que relevait encore l'aisance du pinceau. Quand parurent les *Romains de la décadence*, ce fut du délire. Un Véronèse nous était né! On ne voulut pas s'apercevoir de l'agencement conventionnel et théâtral de cette grande toile, des tons froids et creux de la peinture, des mollesses du dessin, de l'inexacti-

tûde des costumes et de ce déplorable contour noir qui cerne toutes les
figures pour leur donner un corps et les empêcher de tomber. Aujour-
d'hui nous voyons tout cela et bien d'autres choses. Cependant il
faut convenir que cette grande aquarelle se tient fort bien d'ensemble
et que la patine du temps en a réchauffé les colorations.

Au lendemain de la révolution de 1848, Couture entreprit une
œuvre d'une importance plus considérable encore, mais il crut prudent
de s'arrêter en route. Nous ne connaissons donc que des esquisses pour
les *Enrôlements volontaires;* il en est de fort belles : certains groupes
ont une allure vraiment héroïque et l'exécution de quelques morceaux
révèle une force peu commune. Le peintre savait parfaitement son
métier, nous l'avons dit ; il nous en donne une preuve nouvelle dans
l'aimable *Fauconnier* agaçant du bout du doigt l'oiseau carnassier
qu'il tient en laisse, peint comme délassement pendant la douloureuse
gestation des *Enrôlements.*

L'Empire venu, Couture, qui venait de chanter la République,
changea de ton subitement pour célébrer le *Baptême du prince impé-
rial;* il faut croire que ce sujet ne l'échauffait guère, car il y échoua
piteusement. Une malheureuse tentative de peinture à l'église Saint-
Eustache acheva de le décourager. Il prit sa retraite, et, dès lors, mit
autant de soins à se faire oublier qu'il en avait mis à faire parler de
lui.

Dans les derniers jours d'avril 1874, le monde des arts fut doulou-
reusement affecté en apprenant que l'un des siens, Octave Tassaert,
venait de se suicider. L'on attribuait à la misère cette fin lamentable
d'un peintre qui avait eu son heure de célébrité. Le suicide était vrai,
mais non les motifs qu'on en donnait. Nature hypocondriaque, esprit
mal équilibré, Tassaert a voulu s'en aller de ce monde comme certains
de ces déshérités de la fortune qu'il a si souvent représentés dans ses
tableaux. Oublié depuis longtemps, dans sa personne et dans ses
œuvres, le malheureux artiste n'a pu supporter le poids de l'injustice
joint à celui des ans ; c'est pourquoi il a pris le parti de mettre en scène,

pour son propre compte, ce drame du suicide par le charbon dont il
a laissé une si poignante image.

Cependant Tassaert n'avait pas toujours été le peintre de la misère :

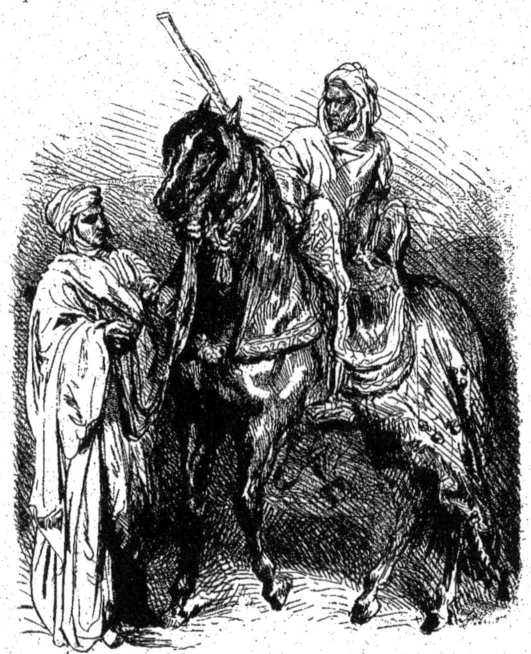

CAVALIER ARABE, PAR THÉODORE CHASSÉRIAU.
(Dessin de l'artiste.)

C'était, nous l'avons dit, une étrange nature; il connut les élans du
mysticisme chrétien avec toutes les ardeurs sensuelles d'un néophyte
sans vocation : du tableau de sainteté il passait à l'image érotique,
retombant ensuite dans les sujets de larmes pour lesquels il avait une

prédilection marquée. C'est ainsi que l'on peut citer de lui des œuvres de tendances les plus diverses : *Madeleine en prière*, l'*Enfant Jésus endormi sur la croix*, l'*Assomption de la Vierge ;* la *Vierge des affligés*, peintures religieuses, et puis la *Tentation de saint Hilarion*, sujet *mixte* qui nous conduit à la série des sujets grivois : *Léda*, l'*Almanach des vieillards*, le *Coucher*, la *Femme au traversin ;* et de là nous passons à la note triste : la *Mort de la grand'mère*, la *Mort de la jeune fille* et, enfin, le *Suicide* qui est au musée du Luxembourg.

Voici comment l'artiste lui-même a libellé la notice explicative de cette œuvre : « La neige couvrait les toits : un vent glacial fouettait la vitre de cette étroite et froide demeure ; une vieille femme réchauffait à un brasier ses mains pâles et tremblantes. La jeune fille lui dit : « O « ma mère, vous n'avez pas toujours été dans ce dénûment !... » Et la vieille dame regardait l'image de la Vierge, et la jeune fille sanglotait. A quelque temps de là, on vit deux formes lumineuses comme des âmes qui s'élançaient vers le ciel. »

Tassaert était sincère en écrivant ces lignes : sa mort nous le prouve.

Dans toutes les variétés de son idéal, ce peintre se révèle à nous sensiblement le même. Il n'a pas eu plusieurs manières de traiter ses sujets : c'est toujours le même faire où la grâce tient plus de place qu'une force réelle. Il procède à la fois de Greuze, de Fragonard et de Prud'hon ; son maître, Lethière, n'avait pu changer le caractère maladif de son tempérament ; peut-être y avons-nous plus gagné que perdu.

Nous n'avons pas la prétention d'avoir passé en revue tous les peintres qui marquèrent de 1830 à 1870 dans les sujets d'histoire, de religion ou de haute imagination. Quelques-uns se rattachent plus directement à l'école actuelle ; on les retrouvera dans le volume qui fait suite au nôtre. Pour ne citer que les plus célèbres, Meissonier, Baudry, Cabanel, certains portraitistes et les peintres militaires depuis Horace Vernet y seront l'objet d'études spéciales.

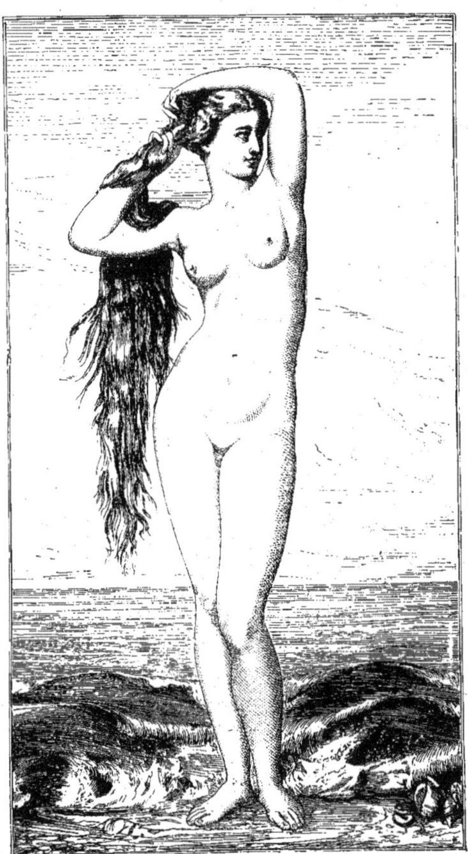

LA NAISSANCE DE VÉNUS, TABLEAU DE M. AMAURY DUVAL.

LE RÉALISME

La puissante figure de Gustave Courbet (1819-1877) a beaucoup occupé l'attention publique, pendant tout le temps qu'il a vécu ; à notre avis, il l'a occupée plus que de raison. Sa personnalité artiste, dégagée de la réclame que lui ont faite l'humour un peu grossier de ses boutades contre l'art et les artistes qui ne pensaient pas comme lui, ses révoltes bruyantes contre les décisions du Jury qui tenait les clefs du Salon, les violences de sa peinture qui offensèrent si souvent le goût et les convenances, et enfin sa ridicule incursion dans le domaine politique pendant la Commune, — cette personnalité nous apparaît sensiblement diminuée, depuis que la postérité a commencé pour elle.

Courbet n'est pas un grand artiste ; ce n'est qu'un grand ouvrier ; un admirable copiste qui rend d'une main superbe, mais souvent sans les comprendre, les tableaux que la nature étale devant lui. Son art ne connut guère l'émotion, aussi ne la provoque-t-il pas. Ses toiles ne sont ni pensées, ni vécues, elles ne disent rien que la matérialité des choses ; mais il faut le reconnaître, leur puissance expressive, ainsi bornée, est considérable. Sa place est au premier rang des peintres de nature morte de notre temps et de tous les temps. C'est lui qui a côtoyé de plus près la vérité vraie, qui a le mieux enregistré le signalement physique de la substance.

On a dit souvent qu'il n'est pas un seul tableau de paysage qui puisse affronter en plein jour le rapprochement avec le coin de nature dont le peintre s'est inspiré ; ceux de Courbet font exception. L'effet optique est sensiblement le même. Il arrive parfois, dans la campagne, qu'on se trouve, pour ainsi dire, en présence de tableaux de Courbet.

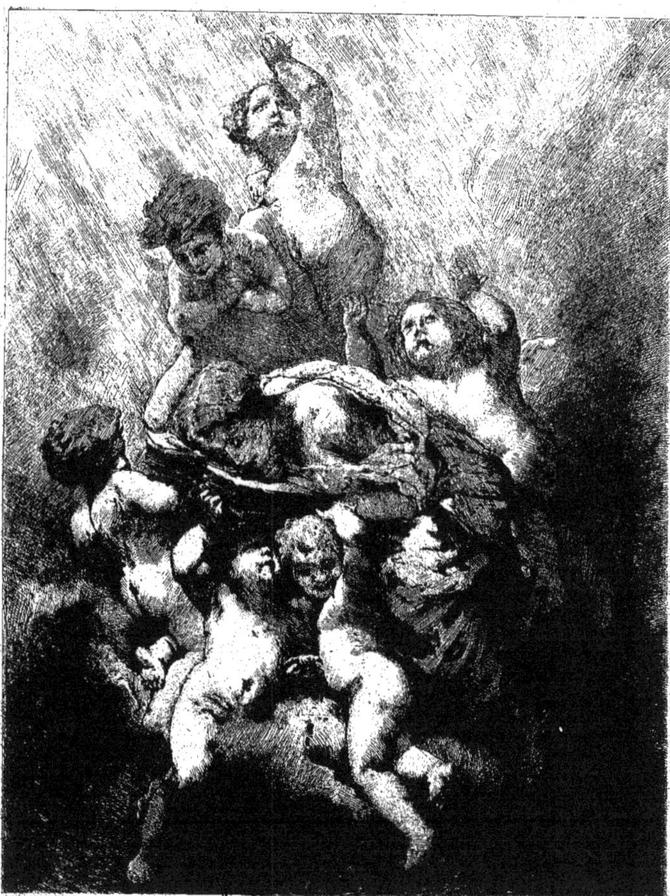

Les chefs-d'œuvre — 34

Imp. Tancour, Paris

La nature déroule devant les yeux du promeneur une suite d'images sans pose, sans parti pris, confuses, au premier abord, de cette confusion qui résulte de la netteté universelle et n'ayant aucun souci des lois

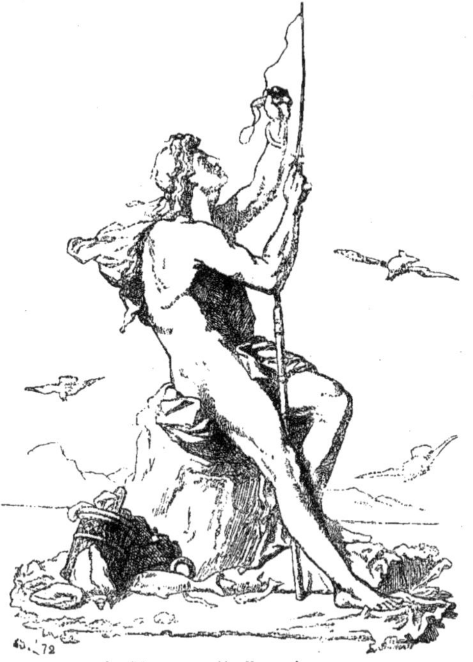

LA PÊCHE, PAR M. HENRI LEHMANN.

de la perspective. Pour y voir un tableau, il est nécessaire de prendre son temps, de faire son choix, de localiser l'attention ; en un mot, il faut corriger par un travail intellectuel les *erreurs* de la nature. Ce travail, Courbet dédaigna presque toujours de le faire. Peut-être en

CH. — T. II. 36

était-il incapable; en tout cas, nous avons le droit de lui reprocher de n'avoir pas tenté le moindre effort pour l'accomplir. Son œuvre en est diminuée de tout ce qu'une plus haute conception de l'essence de l'art y eût certainement renfermée.

Courbet a été proclamé le chef des Réalistes, laissons-lui cette gloire; son réalisme fut un réalisme étroit, inférieur sous bien des rapports à celui qui tombe sous l'objectif du photographe, puisqu'il n'a reproduit ni la physionomie morale des êtres ni l'atmosphère qui baigne toutes choses, — des réalités, pourtant. — Son art ne se hasarde pas au delà de l'enveloppe extérieure, il peint avec un merveilleux talent l'épiderme, sans faire deviner les dessous; ses marines sont des merveilles de coloration, mais elles semblent figées, les poissons n'y vivraient pas; ses verdures pendent immobiles au bout des branches, pas un souffle d'air ne les agite. Dans ses paysages, si éclatants, il n'y a pas d'oiseaux. N'est-il pas l'inventeur de cette formule : « Le paysage est une affaire de tons » ? En résumé son œil de peintre, si bien organisé pour percevoir la couleur, ne voyait pas au delà.

Ce n'est ni un poète, ni un philosophe; « il garde en présence de la nature une robustesse inattendrie de paysan travaillant à son champ [1] ».

S'il faut absolument lui laisser un mérite d'inventeur, nous dirons qu'il a créé, ou plutôt rénové, de très puissantes formules plastiques.

Gustave Courbet a cru nécessaire de rédiger un corps de doctrines auxquelles il donna le nom de Réalisme : « Un siècle, disait-il, n'a ni le droit ni le moyen d'étudier un siècle qu'il n'a pu voir ni étudier à vif. La seule histoire à peindre, c'est l'histoire contemporaine. Les pédagogues comme Phidias et Raphaël ont fait leur temps. Que nous enseignent-ils ? Rien. Il n'y a de précieux que l'originalité et la leçon d'actualité qu'on peut tirer de l'œuvre d'un artiste.

« Je tiens la peinture pour un art essentiellement concret, qui ne peut consister que dans les représentations des choses réelles et existantes; c'est une langue toute physique qui se compose pour mots

1. Camille Lemonnier, *Les Peintres de la vie*, p. 34.

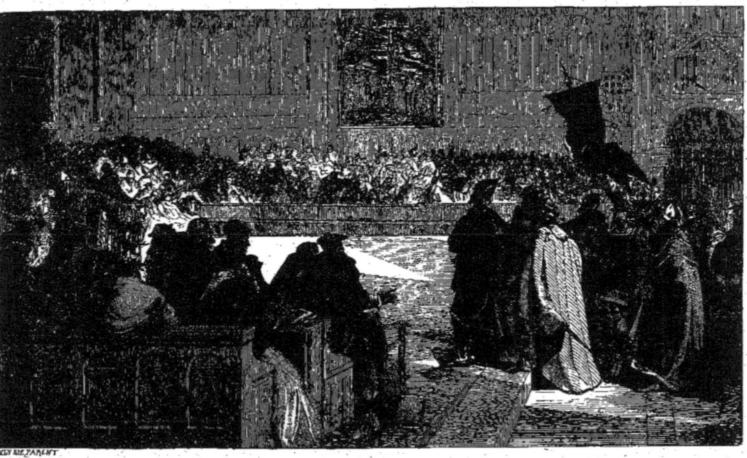

Entrée des Hussites au Concile de Bale, tableau de M. Bellet-du-Poisat.

de tous les objets visibles ; — un objet abstrait non visible, non existant, n'est pas du domaine de la peinture. L'imagination dans l'art consiste à savoir trouver la plus complète expression d'une chose existante, mais jamais à créer cette chose même.

« L'artiste n'a pas le droit d'amplifier le beau ; il est par sa nature supérieur à toutes les conventions de l'artiste. Le beau est une chose relative au temps où l'on vit et à l'individu qui le conçoit.

« Les écoles ne doivent pas exister ; il n'y a que des peintres. »

Telle est en substance la théorie du Réalisme. Proudhon lui prêta l'appui de son vigoureux talent de polémiste. Le philosophe et le peintre ont été pendant longtemps liés d'amitié, mais une brouille survint et le panégyrique tourna subitement à l'aigre. On prête à Proudhon ce jugement suprême : « Courbet, tu n'es qu'un sot ! »

La presque unanimité de la critique, sans en excepter les écrivains qui ont le plus exalté le mérite du peintre, a confirmé ce jugement ; nous ne nous hasarderons pas à en discuter les considérants. Les théories de Courbet nous importent guère : esprit borné, sans culture, privé ou peu s'en faut, du sens émotif, il est en mauvaise posture pour faire de la critique. Son intuition de la nature ne s'élève pas au-dessus de celle du bœuf qui rumine, les fanons plongés dans l'herbe grasse. On peut se dispenser de discuter avec lui ; quant à sa sincérité nous ne voyons pas de raison de la mettre en doute. C'est une nature de toutes pièces : un rustre débordant de santé et mû par des instincts.

Est-il vrai que Courbet ait traité le Titien de « vieux filou », comme on l'a prétendu ? Ce serait d'une noire ingratitude car il lui doit beaucoup. Cette peinture riche, haut montée, cossue, qui donne tant de prix à ses toiles, où l'a-t-il apprise si ce n'est dans les œuvres du grand Vénitien ? On ne saurait trop le répéter, l'auteur des *Casseurs de pierres* était un maître ouvrier dans l'art de peindre, mais il n'a rien créé que d'autres n'aient inventé avant lui. Son esthétique même ne lui appartient pas en propre : Rembrandt, Velasquez, Ribera, Murillo et Chardin l'avaient mise en honneur bien avant qu'il ne vînt au monde ;

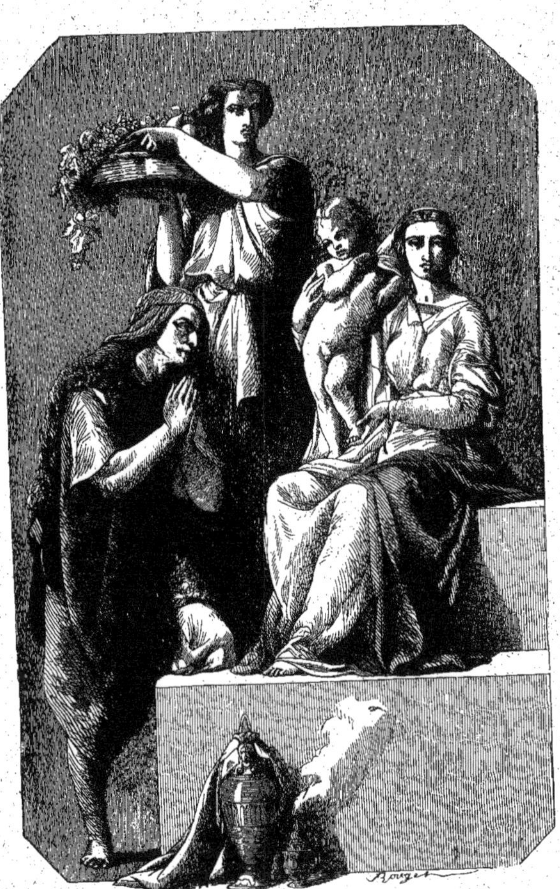

L'Adoration des Bergers, d'après M. Matout.
(Hôpital de Lariboisière.)

il n'est pas jusqu'aux procédés, particulièrement cette peinture au couteau dont on lui attribue l'invention, qui ne soient renouvelés des anciens.

Incapable de créer par lui-même, il prétendit rabaisser la mission de l'artiste à l'imitation stricte des choses vues; cette conception de l'art le relègue à un rang inférieur dont son admirable talent d'ouvrier ne le fera pas sortir.

Un homme d'esprit, dont la science était un peu aventureuse, mais qui a remué beaucoup d'idées, Gaétan Delaunay, signalait la tendance imitative comme un trait d'infériorité mentale : il la retrouvait prédominante chez l'enfant, par opposition à l'adulte, chez la femme, par opposition à l'homme, chez le sauvage et partout en raison inverse de la culture. Il y a de l'enfant et du sauvage dans la nature de Courbet, et il est femme par bien des points, ne fût-ce que l'exaltation, le nervosisme de sa vanité.

Nous avons essayé de définir l'art de Courbet, parlons maintenant de sa vie et de ses œuvres. Il naquit à Ornans (Dauphiné) le 10 juin 1819. Élève du petit séminaire de Besançon, il y fit tant bien que mal ses études. Ch. Timbal [1] lui reproche, non sans amertume d'avoir échoué au *bachot;* nous passerons avec indulgence sur cet incident fâcheux de sa jeunesse. Les premières leçons de dessin lui furent données par un peintre de Besançon nommé Flajoulot, disciple modeste de l'école de David. A vingt ans, il vient à Paris et entre chez Suisse. — On sait que la plupart des artistes devenus célèbres de son époque ont dessiné d'après nature dans l'atelier fondé par un modèle nommé Suisse, boulanger à ses heures, et qui pratiqua avec succès l'art d'acheter de la peinture à bon compte. —L'homme qui signera plus tard la profession de foi réaliste que nous avons analysée, est alors un élève studieux, discipliné et respectueux des maîtres. Il fait des copies au Louvre, signe de son nom une *Tête de jeune fille* avec cette désignation « pastiche florentin. », et sacrifie même au romantisme, en peignant une *Nuit de Walpurgis*

1. Ch. Timbal, *Notes et Causeries sur l'art et les artistes.*

inspirée par le grand poème de Gœthe. Cette envolée vers les régions de l'idéal, il la considérait avec raison comme une erreur de jeunesse; nous ne lui en ferons pas un crime. Laissons-le jeter sa gourme sur tous les chemin de l'art; sa robuste santé va bientôt prendre le dessus.

De 1844 à 1847, Courbet expose au Salon de lourdes peintures, dont il est inutile de parler ; en 1848, ses paysages commencent à attirer l'attention ; l'année suivante, il est presque célèbre : l'*Après-dînée à Ornans* vient de paraître. Dans ce tableau, qui faisait revivre la bonne tradition française des Lenain, le peintre a représenté en grandeur nature des personnages de condition modeste, simplement groupés au sortir de table. Ce fut presque une révolution: l'Académie, déjà chancelante, frémit sur ses bases : un ennemi nouveau se dressait à côté du naturalisme triomphant ; c'en était fait du grand art, si l'on ne parvenait pas à endiguer le flot montant de la démocratie !

On n'y parvint pas; après les *Casseurs de pierres* (1851), peinture sage, jouant les vieux maîtres, où les défauts et les qualités du peintre se sont donné rendez-vous comme pour démentir et affirmer tour à tour sa maîtrise, voici l'*Enterrement à Ornans*, peinture folle où la même discussion dégénère en querelle violente. Superbe morceau de peinture et détestable tableau ! Que de vigueur et combien de faiblesse! Est-ce un drame, est-ce une comédie ? La question n'est pas encore tranchée aujourd'hui, mais on est à peu près d'accord pour déclarer que le débat n'aurait pas dû être porté à la tribune du Louvre. Les proportions gigantesques du cadre grandissent les défauts du tableau au détriment de ses qualités : il semble un défi jeté au bon sens et au bon goût du public et c'est presque une insulte pour les princes de l'art que de leur avoir imposé ce voisinage, dans leur propre palais.

Les années qui suivent nous montrent que, dans l'exécution même, la peinture de Courbet offre un composé bizarre de défaillances sans nom et de réussites éclatantes. Le *Mendiant*, les *Lutteurs* et les *Baigneuses* appartiennent à la première catégorie; ce sont des œuvres mal venues : l'inintelligence du sujet et la faiblesse du dessin y sont déplorablement soulignées par des colorations tristes et fausses : ici

Gourbet ne se rappelle plus du tout le Titien; il s'est enrôlé parmi les Bolonais. Dans la seconde série, l'œil du peintre nettoyé et assaini a vu plus juste : les *Demoiselles de village*, la *Fileuse*, la *Femme au perroquet*, les *Demoiselles de la Seine*, ne sont sans doute pas d'admirables tableaux, mais on y trouve d'admirables morceaux de peinture; de plus, l'artiste y semble guéri pour un moment de sa manie du laid; les femmes lui apparaissent sous un jour plus favorable, il s'incline presque devant la beauté.

En 1855, Gustave Courbet livra la grande bataille dont il ne devait sortir ni vainqueur ni vaincu, mais qui acheva de populariser son nom. A côté de l'Exposition Universelle, où onze de ses ouvrages avaient été admis, il ouvrit, avenue Montaigne, dans une baraque en planches élevée à ses frais et par ses soins, un Salon particulier qui ne contenait pas moins de trente-huit peintures de son faire. On y revit toutes les toiles connues du maître et le fond de son atelier que ses amis seuls connaissaient. Il y avait là de très beaux fragments de peinture imitative et des tableaux horripilants : les *Cribleuses de blé*; trois paysages magnifiques : la *Roche de dix heures*, le *Château d'Ornans* et le *Ruisseau du Puits-Noir*, où, selon Charles Blanc, « la vérité de la nature est rendue avec une certaine exaltation qui l'exagère sans l'altérer », — et, à côté, le *Portrait d'une dame espagnole*, apparition macabre, affreuse peinture qui fait jeter les hauts cris; les *Baigneuses*, peinture de haut réalisme malpropre d'où ressort avec éloquence cette vérité que le bain est parfois d'absolue nécessité; l'*Atelier du peintre*, qui semble une caricature de *Las Meninas* de Velasquez, avec des parties de couleur et de lumière dignes du grand maître espagnol; enfin, la *Rencontre*, composition naïve et ridicule à la fois, où figurent le peintre, son ami Bruyas, un domestique et une diligence. Ce tableau devint immédiatement célèbre sous le titre : *Bonjour, monsieur Courbet*. Il est aujourd'hui à Montpellier, au musée fondé par M. Bruyas et qui porte son nom. Le catalogue de l'exposition était précédé d'un manifeste où Courbet développait sa doctrine; nous en avons publié quelques extraits, dans les pages qui précèdent, conjointement

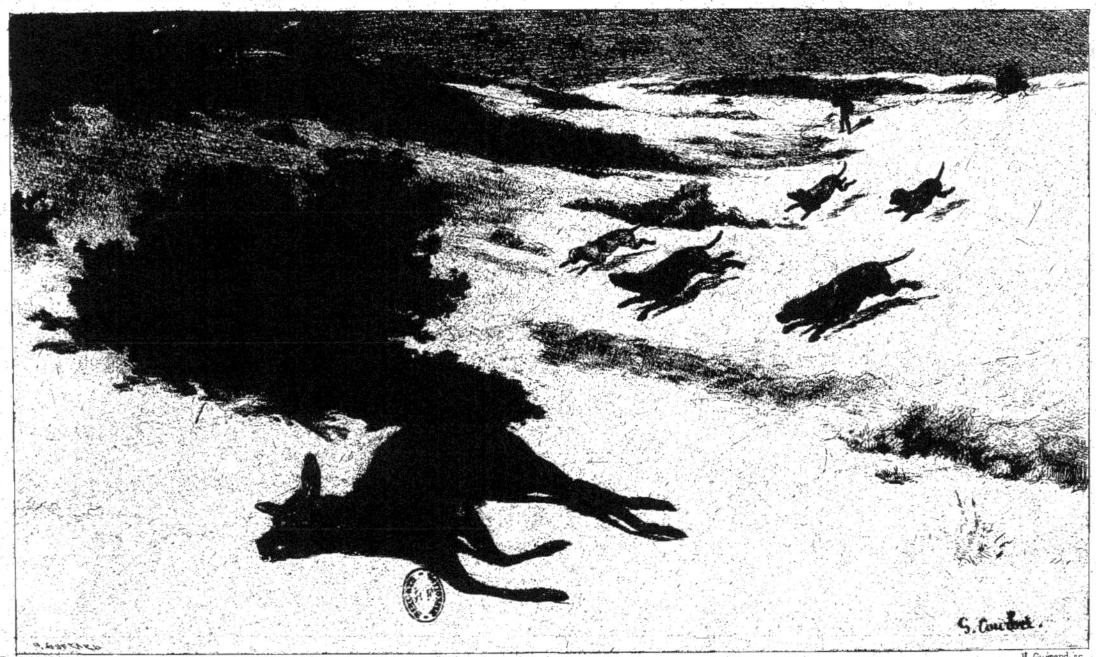

G. Courbet, pinx.

H. Guérard sc.

BICHE FORCÉE SUR LA NEIGE

Les chefs-d'œuvre _ 30

Imp. Tancur, Paris

avec des maximes prises dans un discours qu'il prononça à Anvers en 1851, et dans une lettre écrite la même année à un groupe d'artistes qui voulaient lui confier la direction d'un atelier de peinture.

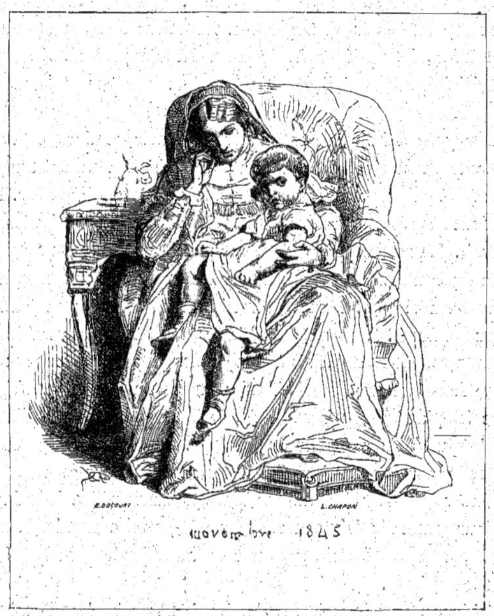

FAC-SIMILÉ D'UNE EAU-FORTE DE P. DELAROCHE.

Au Salon de 1857 parurent les *Demoiselles de la Seine*, un des meilleurs tableaux de Courbet. C'est à propos de cette peinture que Castagnary, qui fut et resta l'ami et le défenseur de Courbet, même après la Commune, écrivit les réflexions suivantes, dont la justesse nous semble parfaite : « Comme paysagiste, il n'a guère entrevu la

nature que par la fenêtre d'une auberge. Ses sites rappellent toujours
l'idée d'une « bonne partie » ; on devine que c'est de la friture qui
nage au courant de ses ruisseaux, et, aux alentours, le long des taillis,
il se dégage comme un parfum de gibelotte. » La *Curée*, très belle toile
également, date de la même année. Le talent de Courbet bat son
plein : il semble, en outre, avoir renoncé à faire parler de lui par ces
excentricités voulues où il apportait tant de lourdeur et de mauvais
goût.

Un voyage à Montpellier lui révèle la mer, et alors commence
cette suite de marines justement admirées où il a exposé toutes les
richesses de sa palette et son extraordinaire habileté d'ouvrier. Il y a
cependant des réserves à faire, et nous les avons déjà consignées dans
ce travail. Le métier de Courbet, ce martelage de la pâte colorée au
moyen du couteau, lui permet de rendre avec un éclat incomparable
et une fermeté qui donnent l'illusion du vrai, les méplats des
substances dures. Les rocs, les falaises, les pans de muraille qu'il
nous montre, pétris et gâchés à la façon des maçons, parlent aux yeux
comme dans la nature ; mais il en va autrement quand il s'agit de
rendre les plans mouvants, indécis, de l'Océan fuyant vers l'horizon
ou s'élançant à la conquête de la plage. Sous la main pesante du
peintre, la mer s'arrête dans le mouvement commencé et se fige en
bloc. Les vagues semblent taillées à facettes dans un bloc de malachite ;
dans leur grand air de menace, on les sent parfaitement inoffensives,
et Jésus, sans grand péril, y pourrait renouveler le miracle qui émut
si fort les apôtres.

D'ailleurs, cette insuffisance de Courbet à rendre les vibrations de
la matière et les fonctions vitales de la nature, n'est pas seulement
apparente dans ses marines. On peut dire d'une façon générale que sa
puissance d'expression est en raison directe de la tangibilité des objets.
Il ne s'approprie réellement que les substances solides sur lesquelles il
peut poser sa lourde main : l'air, la feuille en mouvement, la forme
qui passe dans le lointain ne sont pas de son domaine.

C'est en 1863 que Courbet fit connaître, en dehors du Salon, un

de ses tableaux qui lui ont valu le plus d'insultes et de haines. Proudhon
a pris la défense de ce tableau dans un livre posthume : *Du principe de
l'art et de sa destination sociale*. Voici la description qu'il fait du
Retour de la conférence : « Qu'on se figure sur un grand chemin, au
pied d'un chêne bénit, en face d'une sainte image, sous le regard sar-
donique du paysan moderne, une scène d'ivrognes appartenant tous

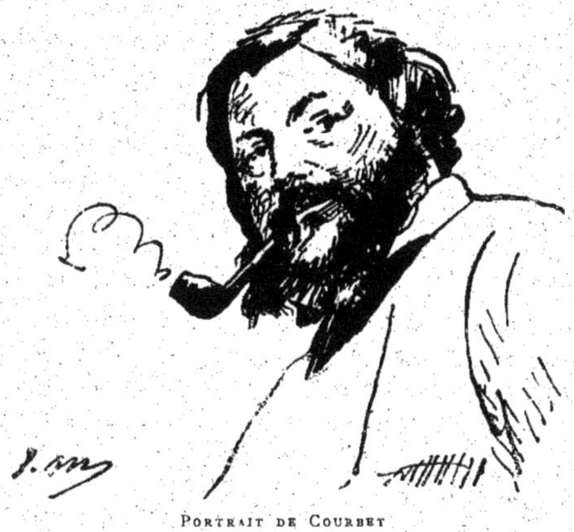

PORTRAIT DE COURBET
(d'après un dessin de Manet).

à la classe la plus respectable de la société, au sacerdoce; là, le sacrilège se joignant à la soûlerie, le blasphème tombant sur le sacrilège;
les sept péchés capitaux, l'hypocrisie en tête, défilant en costume
ecclésiastique, une vapeur libidineuse circulant à travers les groupes;
enfin, par un dernier et vigoureux contraste, cette petite orgie de la vie
cléricale se passant au sein d'un paysage à la fois charmant et grandiose,
comme si l'homme, dans sa plus haute dignité, n'existait que pour
souiller de son indélébile corruption l'innocente nature : voilà, en
quelques lignes, ce que s'est avisé de représenter Courbet. »
Voulant rester sur le terrain de l'art, nous nous abstiendrons de

tout commentaire au sujet de cette grossière image. La rare sottise de Courbet s'y exhibe sous toutes ses faces : sottise dans l'intention, sottise également dans l'exposition, car, toutes ses faiblesses de metteur en scène et de dessinateur y sont cruellement affichées. C'est là qu'on peut juger de la distance qui sépare Courbet de ces maîtres hollandais, les Jean Steen, les Breughel et les Brouwer qu'il affectait de mépriser !

Quand nous aurons signalé le *Combat de cerfs*, le *Hallali*, le *Cerf sous bois* et le *Cerf sur la neige*, peintures incomplètes, comme toujours, mais avec de telles qualités qu'on regrette de ne pouvoir admirer sans réserve, la *Remise de chevreuils*, enfin, un des meilleurs morceaux de cette série, que la générorité de quelques amateurs a fait entrer au Louvre, nous aurons passé en revue l'œuvre du maître d'Ornans.

Une des prouesses les plus connues de Courbet est d'avoir refusé, sous l'Empire, par lettre rendue publique, la croix de la Légion d'honneur que le Ministre des Beaux-Arts lui avait décernée, sans le consulter. Depuis cette époque, on n'est décoré que sur demande écrite, au moins les personnes qui n'appartiennent pas à l'armée.

On sait que l'incurable vanité et la sottise de Courbet l'entraînèrent dans l'insurrection de la Commune ; il fut accusé d'avoir provoqué la démolition de la colonne Vendôme et condamné, de ce chef, à six mois de prison et à payer les frais de restauration de ce monument.

Comme il s'était réfugié en Suisse, il évita la prison ; quant à l'amende, il s'en tira également à bon compte, car la vente judiciaire de son atelier produisit en tout une douzaine de mille francs. A la Tour-de-Peily, près Vevey, où il a passé les dernières années de sa vie, il fonda une véritable manufacture de tableaux de Courbet, toiles d'élèves complaisamment signées par lui, ou études sans importance, qui ont beaucoup contribué à déprécier son œuvre au point de vue commercial. C'est là que mourut, le 30 décembre 1877, le fondateur et le maître du Réalisme contemporain.

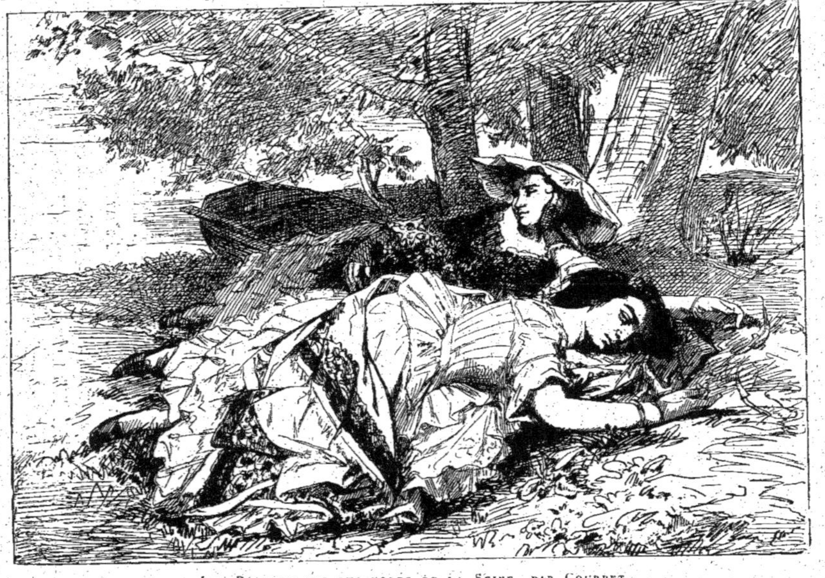

Les Demoiselles des bords de la Seine, par Courbet.

L'ÉCOLE ALSACIENNE ET LES NÉO-GRECS

La peinture de genre s'enrichit sous le second Empire d'une petite école alsacienne; les œuvres qu'elle nous a laissées ne sont pas très éclatantes, mais nous nous garderons bien de les passer sous silence, car elles réveillent en nous de chers souvenirs qui bercent nos regrets et nos espérances. Gustave Brion, Charles Marchal, Gustave Yundt forment cette école. Nous ne nous arrêterons pas aux deux derniers; leur mérite ne fut pas à la hauteur de leur réputation, et de leur vivant même, l'on fut bien forcé de s'en apercevoir. Ce fut l'arrêt de mort de ces malheureux artistes : délaissés de la foule au lendemain de succès retentissants, ils ne purent se consoler de cet abandon et en finirent par le suicide. Brion, au contraire, fut un solide et vaillant peintre. Il nous a donné une Alsace un peu austère, mais il a mis à la peindre une sincérité parfaite, beaucoup d'émotion et les qualités d'exécution les plus sérieuses. Né à Rothan, dans les Vosges, en 1824, il avait été élève de Guérin et de Paul Delaroche; ses débuts au Salon furent très remarqués. Les artistes, particulièrement, louèrent la façon probe en même temps que hardie dont était peint son tableau des *Schlitteurs* convoyant un train de bois dans les Vosges. En 1868, il remportait la médaille d'honneur avec son *Mariage protestant*. L'œuvre de Brion est assez considérable; nous nous bornerons à citer certains tableaux dont l'image est encore présente à tous les esprits : la *Noce en Alsace*, la *Lecture de la Bible*, l'*Enterrement dans les Vosges*... Le Louvre a de lui une *Sortie de l'Arche* qui tranche avec sa manière habituelle, autant par la nature du sujet que par la qualité de la peinture; l'exécution y est beaucoup plus souple que d'ordinaire. Sa dernière œuvre enfin, le *Réveil des pèlerins*, est considérée comme la plus émouvante de ses

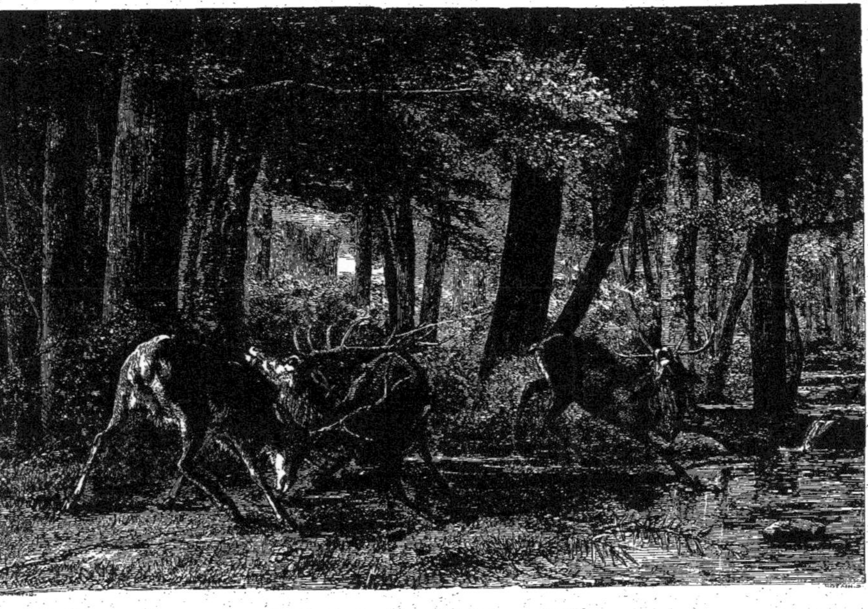

Le Combat de cerfs, par Courbet (1861).
(Musée du Louvre.)

peintures. Il mourut en quelques heures, à la suite d'un refroidissement,
en 1877. Talent sain, robuste et sincère, Brion fut estimé très haut de
son vivant; il l'est encore aujourd'hui quoique le goût, en peinture,
ait considérablement changé.

Le développement des études archéologiques ayant ravivé le goût
de l'antique, une petite école néo-grecque prit naissance sous l'Empire,
fit beaucoup parler d'elle, battit son plein en 1859 et disparut soudain
sans laisser de traces durables dans l'art. Gleyre, peintre étranger, ne
nous appartient pas; quant aux œuvres de M. Gérome, elles seront
étudiées dans le volume qui suivra; le meilleur des produits de l'école
néo-grecque nous échappe donc. Pour mémoire seulement, nous en-
registrerons les fades compositions de genre gréco-romain peintes par
Hamon (1821-1824), certaines figures d'une exécution plus solide de
M. Aubert, de gracieuses peintures de M. Froment.

Nous rapprocherons de cette école un artiste de mérite, qui a touché avec succès à tous les genres : Alfred de Curzon, paysagiste,
peintre d'histoire et de paysanneries italiennes, est l'auteur d'une
charmante et légère figure de Psyché que le musée du Luxembourg
a recueillie. Jamais le conte d'Apulée ne fut mieux illustré.

L'ÉCOLE DU PLEIN AIR

Nous arrivons à l'une des figures d'artistes les plus intéressantes
du siècle. On a beaucoup discouru sur Manet : les uns l'ont porté
au Capitole, les autres l'ont traîné aux Gémonies. Les uns et les autres
ont eu tort. Manet ne mérite ni cet excès d'honneur ni cette indignité.
Grand peintre, il ne le fut jamais; la somme de ses défauts égale celle
de ses qualités. Cependant, l'épithète de maître peut lui être appliquée,
au moins au sens didactique, car il a beaucoup enseigné, et les vérités qu'il proclamait, et que très souvent il a prêchées d'exemple,

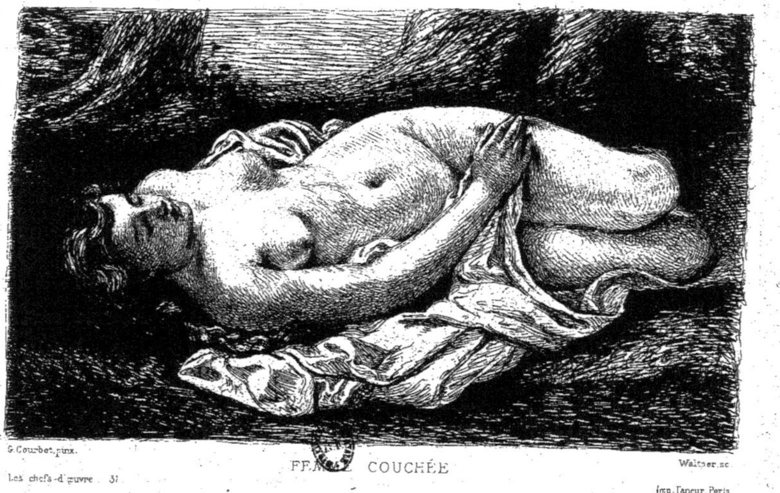

G. Courbet, pinx.

FEMME COUCHÉE

Walther, sc.

Les chefs-d'œuvre   31

Imp. Lemercier, Paris

sont de celles que les artistes supérieurs seuls entrevoient. Plus que
personne, il a contribué à nettoyer la palette de la peinture contemporaine ; il a donc rendu un service considérable.

Manet fut l'apôtre de la peinture claire et aussi de la franchise dans

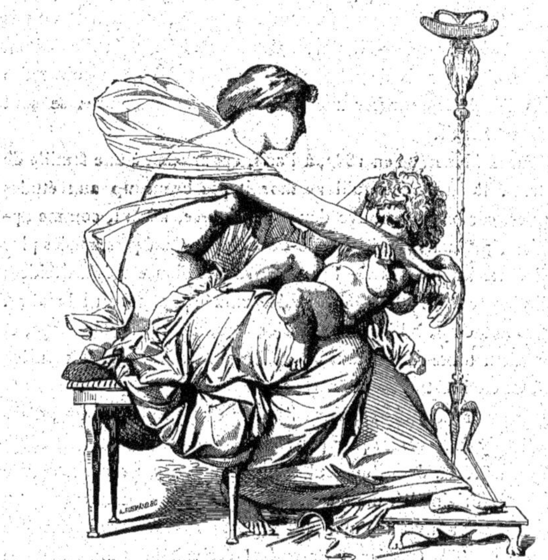

L'Amour désarmé, d'après un tableau de El. Froment.

l'exécution. Il démontra que les recettes d'atelier desservent toujours
le peintre ; si elles lui rendent la pratique plus facile, c'est au détriment de la vérité objective. Il a voulu qu'on respectât l'individualité propre de chacun, ne dût-elle s'accuser que par l'inégalité
de la vision oculaire. Non seulement, il condamnait l'enseignement du
« grand art », mais un enseignement quelconque de l'art. Si on l'eût
écouté, on eût fermé toutes les écoles ; il n'en admettait qu'une : la

nature. Au peintre de se débrouiller au milieu des difficultés de l'exécution; pour peu qu'il ait le sentiment de l'art, il saura bien trouver
les formules les plus propres à rendre sa pensée, et ces formules ne
seront pas celles du voisin, puisqu'il les aura créées de toutes pièces.

Telles furent les idées que Manet mit en pratique; elles ne l'ont pas
conduit très loin, parce qu'il n'avait rien de génial en lui; elles lui ont
tout au moins permis de dégager sa personnalité de la cohue des
peintres d'école et de tracer une route nouvelle où d'autres se sont
engagés avec fruit.

Édouard Manet, né en 1832, à Paris, appartenait à une famille de
magistrats. Il faut coire qu'il ne mordit pas beaucoup aux études
classiques, car on le retrouve dans sa jeunesse, faisant, comme ap-
prenti marin, la traversée de Rio-de-Janeiro. Quelques années plus
tard, il visite les musées de l'Europe; sa vocation est déjà décidée;
mais il n'a pas encore de préférence déterminée pour tel ou tel maître.
Velasquez et Goya lui inspireront bientôt un amour sans partage, et
qu'il gardera toute sa vie, tout en s'efforçant d'affranchir sa manière
de celle de ces illustres maîtres.

Après avoir passé six ans dans l'atelier du peintre Couture, d'ailleurs sans s'y faire remarquer par son assiduité, il débute, en 1859,
par deux tableaux dont l'un seulement, l'*Enfant aux cerises*, accuse
sans grande originalité, un tempérament de peintre. Deux ans plus
tard, son premier envoi au Salon, l'*Espagnol jouant de la guitare*, attire
l'attention de Th. Gautier. « Caramba! écrivait le maître dans le
Moniteur universel du 3 juillet 1861, voilà un guitarero qui ne vient
pas de l'Opéra-Comique, et qui ferait mauvaise figure sur une lithographie de romance; mais Velasquez le saluerait d'un petit cligne-
ment d'œil amical, et Goya lui descendrait du feu pour allumer son
papelito. Comme il braille de bon courage en râclant le jambon!... Il
nous semble l'entendre... Il y a beaucoup de talent dans cette figure
de grandeur naturelle, peinte en pleine pâte, d'une brosse vaillante et
d'une couleur très vraie. »

Par contre, les *Portraits de M. et de Mme Manet*, les père et mère du jeune peintre, lui attiraient les foudres de la critique; c'étaient pourtant des œuvres sérieuses, étudiées de près et ressenties, mais de grosses insuffisances de dessin avaient tout gâté. Le moment n'était pas encore venu où le charme, la fraîcheur du coloriste ferait passer sur les défaillances du dessinateur, défaillances qu'il ne parvint jamais à surmonter complètement, peut-être parce qu'il ne voulait pas s'en donner la peine. Sans mentir à ses théories, Manet aurait pu acquérir l'instruction solide qui lui a manqué. Pour savoir le dessin, il n'est pas indispensable d'avoir copié les hachures d'une lithographie, comme on le faisait à son époque, ou d'avoir dessiné d'après la bosse sous le jour d'un atelier; on l'apprend très bien là où Manet voulait conduire les peintres, en plein air : les modèles y abondent; s'ils sont difficiles à saisir, on y parvient cependant à force d'étude, et la gloire qu'on en retire est en proportion de l'effort.

De la même époque et du même style, c'est-à-dire dans la manière de Velasquez, sont l'*Enfant à l'épée*, et les *Anges au tombeau du Christ* : peintures haut montées de ton et sobrement modelées; le tout d'une écriture un peu grosse, apprise chez Couture, qui accuse une certaine franchise et surtout beaucoup de confiance en soi. Manet n'est pas encore allé à Madrid; quand il aura vu de près les chefs-d'œuvre des maîtres dont il accepte les conseils, il comprendra tout ce que leurs admirables synthèses renferment de recherches analytiques, et il tâchera d'élargir la portée de ses tableaux en s'y montrant moins avare de documents plastiques pris sur le vrai.

Nous indiquerons, sans suivre rigoureusement l'ordre chronologique, celles de ses peintures qui ont eu un certain retentissement de 1861 à 1867 : elles furent toutes exposées, en cette dernière année, par l'artiste lui-même dans une baraque en planches qu'il avait fait construire, à côté d'une exposition du même genre où Gustave Courbet, renouvelant l'expérience de 1855, montrait le gros de son œuvre. Tous les tableaux de Manet avaient été impitoyablement exclus de l'Exposition Universelle; beaucoup moins maltraité par le jury, le peintre d'Ornans avait réussi à y glisser une dizaine de toiles.

L'Exposition de Manet fit du tapage; on y vint de tous les coins de Paris, le bruit s'étant répandu qu'on s'y amusait énormément. Le fait est qu'il y avait là beaucoup de peintures qui prêtaient à rire, telles : le *Déjeuner sur l'herbe* où l'on voyait une femme nue au milieu de convives en vestons et coiffés de chapeaux mous. Ces hardiesses sont excusables, lorsque le style de la peinture fait oublier l'étrangeté de la scène : et c'est pourquoi Giorgione et le Titien n'ont jamais été accusés d'immoralité, même de leur temps; — le *Vieux Musicien*, la *Chanteuse des rues*, le *Ballet espagnol*; le portrait en pied de la danseuse *Lola de Valence*; enfin la fameuse *Olympia* qui avait soulevé une véritable tempête au Salon de 1865. Ce tableau a failli entrer au Louvre, il y a peu de temps : nous l'avons échappé belle. En voici la description que nous empruntons à une étude de M. L. Gonse sur Manet : « Un méchant petit modèle d'atelier étale son indigente nudité sur des draps blancs; une négresse, vêtue de rose, écarte les rideaux verts de l'alcôve et lui présente un bouquet; au pied du lit, un chat noir de silhouette fantastique hérisse son poil. N'insistons pas sur l'étrangeté de la composition et l'invraisemblance de certains détails, la critique serait trop facile. Olympia, ce qui est pire, est mal dessinée; un trait noir péniblement repris en cerne les contours; le modelé, sauf les parties lumineuses de la poitrine, est sans enveloppe. Le tableau ne se défend que par le personnage accessoire, la négresse, qui est un excellent morceau de peinture, et par la gamme des tons, qui est de qualité supérieure : des blancs très fins, des noirs veloutés, un rose grenade, un vert profond[1]. »

Cette peinture a de chauds partisans : le fait seul qu'il se soit trouvé, l'an dernier, un groupe d'amateurs éclairés et de peintres pour l'acheter un gros prix à la veuve de l'artiste, et l'offrir à l'État, indique une admiration qui n'est pas banale. Tout en rendant hommage au goût éprouvé et à la générosité des souscripteurs, nous avons cru de notre devoir de protester contre l'admission au Louvre d'une toile qui,

___

1. *Gazette des Beaux-Arts*, t. XXIX, 2ᵉ période, p. 140.

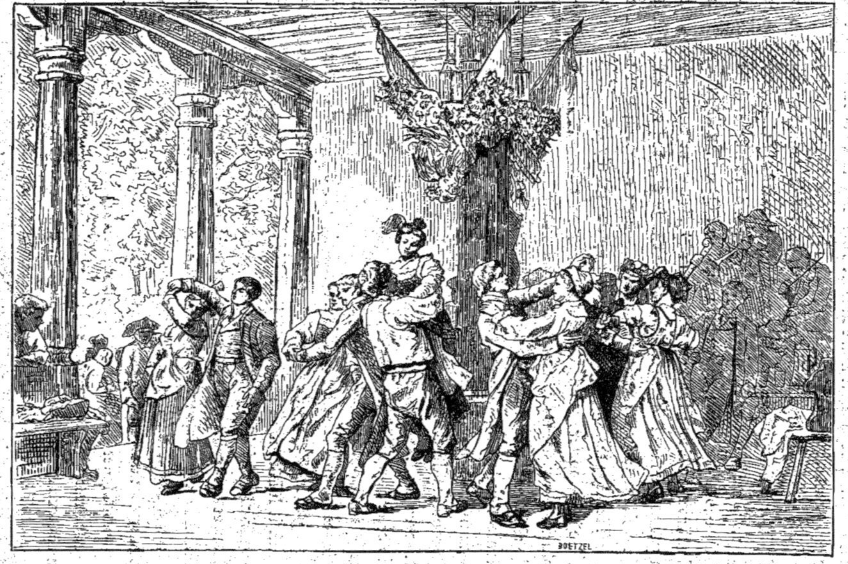

La Danse du Coq, tableau de G. Brion.
(Salon de 1872)

à notre avis, déparerait notre musée. Voici ce que nous écrivions à ce propos dans la *Chronique des Arts* du 15 février 1890 :

« Il n'y a pas à se le dissimuler, le nom et la qualité des donateurs de l'*Olympia* vont mettre dans un cruel embarras le Conservatoire du du Louvre. Refuser le don est impossible, mais l'accepter dans les conditions où il est offert, est-ce bien possible ? Quant eut lieu l'exposition de Manet, à l'École des Beaux-Arts, en 1884, les organisateurs hésitaient à y comprendre l'*Olympia*; ils craignaient de voir se livrer sur le nom du peintre, accepté maintenant et justement respecté, une nouvelle bataille. A quoi bon courir des risques puisqu'il n'y avait plus de victoire à remporter? En fin de compte, l'*Olympia* fut exposée et les parapluies des visiteurs restèrent dans leurs fourreaux. Les combattants de 1865, année où fut exposée pour la première fois l'œuvre de Manet, avaient eu le temps de se calmer depuis lors, et, d'ailleurs, nous n'en sommes plus à nous émouvoir des fantaisies de la peinture. Le public se contenta de sourire, comme il sourira éternellement, que ce soit au Louvre, au Luxembourg ou ailleurs, devant les ridicules trop visibles de cette composition baroque. On sait que, d'autre part, l' « émail » du temps n'a pas corrigé les insuffisances du dessin, insuffisances dont Manet lui-même semble avoir eu conscience, car pour déterminer à peu près les formes de son modèle et les détacher du lit où elles reposent, il lui fallut se résigner à l'artifice du cerclage en noir, dût en souffrir la vérité naturaliste et l'orthodoxie des valeurs. Pour ces raisons et pour bien d'autres, notamment l'existence d'un prototype infiniment supérieur de création relativement récente, la *Maja* de Goya, l'*Olympia* ne peut à aucun titre passer pour une œuvre capitale, ni au point de vue de l'esthétique, ni à celui de l'invention.

« Si Manet doit entrer au Louvre, et nous ne voyons pas pourquoi on ne lui ferait pas une petite place dans le sanctuaire, il faudra choisir un morceau plus relevé et plus original dans son œuvre. »

Le Conservatoire du Louvre nous a donné raison : il a accepté l'*Olympia*, mais sans condition ; elle est maintenant exposée au musée Luxembourg.

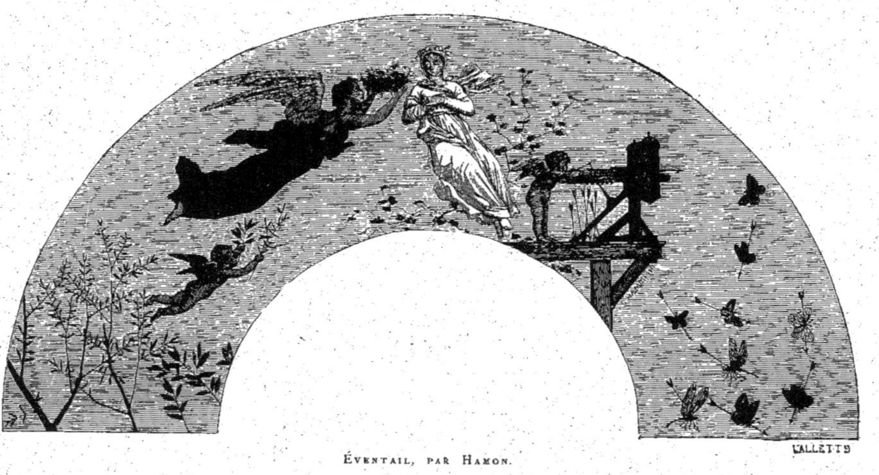

ÉVENTAIL, PAR HAMON.

La galerie personnelle édifiée par Manet en 1867, comprenait cinquante numéros. Les ridicules de certaines compositions empêchèrent de rendre pleine justice aux incontestables qualités du peintre : il y avait même dans le nombre d'irréprochables morceaux d'exécution, tels que l'*Homme mort*, un ressouvenir de Velasquez, figure de toréador détachée d'un *Combat de taureaux* que l'artiste lui-même avait cru devoir détruire devant les moqueries trop justifiées du public ; le *Fifre*, l'*Enfant à l'épée*, une quantité de natures-mortes d'une fraîcheur de tons vraiment exquise et enfin de puissantes marines, dont une aujourd'hui célèbre, le *Combat des navires américains Kearsage et Alabama*.

Dans les études de mer et les scènes de canotage, peintes après 1867, Manet nous apparaît définiment affranchi de l'imitation espagnole, maître à la fois de sa vision et de son métier. Cette partie de son œuvre a eu une influence considérable : elle a contribué pour une large part à orienter la peinture contemporaine dans la direction où nous la voyons aujourd'hui. Manet, par son exemple, a déterminé une quantité de peintres qui affectaient de ne pas le connaître à nettoyer leur palette de toutes les crasses que la routine des siècles y avait accumulées. Il a doublé ainsi la luminosité de la peinture et la couleur nous est apparue ce qu'elle est en réalité, une des grandes joies de la nature. Nous lui devons, tous de ce fait, une reconnaissance éternelle. Pour établir les vérités dont il fut l'apôtre, il lui a fallu prodiguer les démonstrations et bien souvent, en voulant frapper juste, il lui arriva de dépasser la mesure. La postérité lui sera plus indulgente que ne l'ont été ses contemporains : elle fermera les yeux sur les défauts de ses peintures pour n'en voir que les belles qualités d'éclat et d'harmonie.

On a dit que le talent de Manet s'était assagi à partir de cette grande exhibition de 1867 ; la vérité est que l'expérience lui était venue. Plus sûr de lui-même, et entouré d'un groupe d'amis et d'admirateurs toujours grossissant, il avait compris la nécessité de châtier son talent. Une école s'était formé autour de lui qui tenait ses assises dans un café des Batignolles. Beaucoup d'artistes célèbres en sont

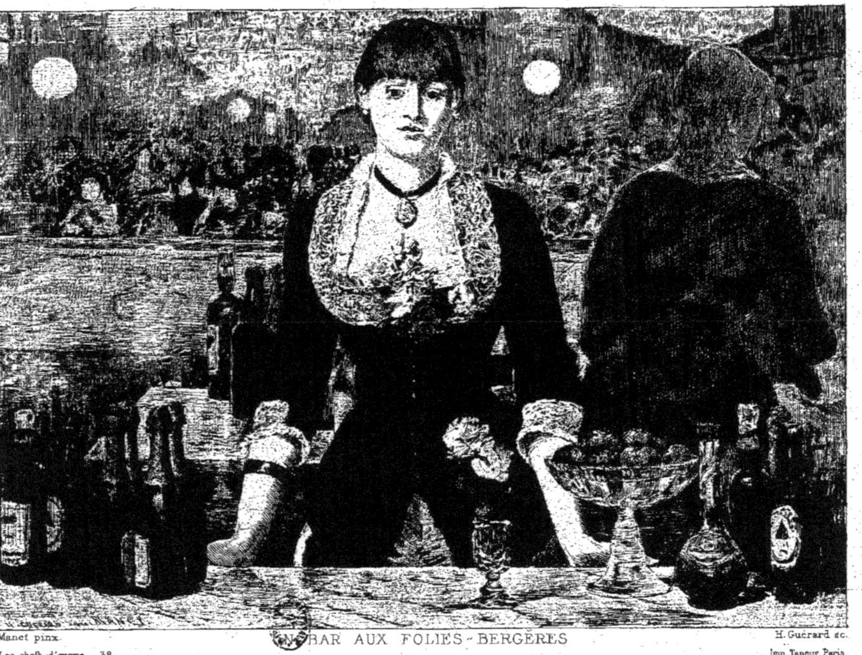

Manet pinx.

UN BAR AUX FOLIES-BERGÈRES

H. Guérard sc.

Les chefs-d'œuvre — 38

Imp. Taneur, Paris.

sortis, mais chacun par la porte que son goût lui désignait ; il n'y avait au café Guerbois ni professeur ni programme d'études, on se bornait à y causer de l'inutilité des professeurs et des programmes. Manet n'a formé en réalité que deux élèves, deux dames : Mlle Morizot, peintre d'une rare délicatesse, et Mlle Eva Gonzalez, devenue la femme de l'excellent graveur Henry Guérard, et qui mourut toute jeune en plein épanouissement d'un talent rempli de grâce et de distinction. Tous les autres disciples qu'on prête à Manet ont tiré chacun de leur côté : il n'a été que le levain qui a fait fermenter leur originalité propre. Ainsi Whystler, Degas, Claude Monet, Legros, Fantin-Latour, Desboutins, Renoir ne lui doivent-ils que la révélation des bienfaits de la liberté dans la pratique de l'art.

Le *Balcon ;* le *Déjeuner ;* le *Portrait de Mlle E. G.* (Mlle Eva Gonzalez) ; le *Port de Bordeaux*, puis la série de ces belles études de plein air : le *Kearsage et l'Alabama* (celui de 1872), qui fit dire à Barbey d'Aurévilly : « Très grand, cela, d'exécution et d'idée !... » Aujourd'hui avec sa marine de l'*Alabama*, M. Manet a épousé la nature. Il a fait comme le doge de Venise, il a jeté un anneau, que je vous jure être un anneau d'or, dans la mer ! » — Le célèbre tableau le *Bon Bock*, portrait du graveur Belot, ainsi décrit et apprécié par Armand Silvestre : « Dans des siècles, on s'intéressera encore à ce bon vivant, au visage épanoui sous une large casquette de loutre, qui, d'une main, tient son verre où s'apaise la mousse d'une bière fraîchement tirée, et de l'autre appuie sa pipe à ses lèvres pour en tirer une large bouffée. Quelle béatitude céleste dans son regard qui perce les chairs rebondies de ses joues ! L'âme n'est pas engloutie dans cet abîme de santé, et la pensée habite cette face opulente... M. Manet a accompli la dernière évolution de son talent chercheur et parfois inquiétant. Il pourrait s'en tenir à cette page qu'il serait sûr de laisser le nom d'un peintre. »

Voilà qui est bien dit, juste et sans exagération. D'autres critiques, moins avisés, crièrent au chef-d'œuvre. Il s'en faut de beaucoup que le *Bon Bock* soit un chef-d'œuvre. Il y manque ce qui manque dans toutes les figures de Manet : l'intérêt des dessous, la charpente, les inflexions du modelé : c'est une esquisse de maître, mais ce n'est qu'une esquisse. Les quatre-vingts séances de pose que l'artiste avait exigées de son modèle ne nous prouvent qu'une chose : la difficulté qu'il éprouvait à rendre ce qu'il savait imparfaitement.

Le *Chemin de fer*, le *Polichinelle*, *Hamlet* (portrait de M. Faure), le portrait de *M. Antonin Proust* sont encore de bonnes peintures. Il y a d'excellentes parties dans *Nana*, une illustration du personnage créé par M. Zola, qui fut avec Duranty un des chauds partisans du peintre dès la première heure, — mais la liberté du sujet justifie parfaitement les critiques qu'on en a faites. Pour nous les tableaux les plus remarquables de Manet sont ses études de plein air : *Argenteuil*, *En bateau*, *Chez le père Lathuille* et aussi le *Bar*, vue prise aux Folies-Bergère, dont la salle se reflète dans une glace derrière le dos de la dame de comptoir. C'est là que Manet a mis le meilleur de son art d'impression, maladroit à fixer l'identité des êtres et des choses, mais habile à saisir les reflets qu'ils se renvoient de l'un à l'autre et jouant avec adresse dans les tonalités fraîches de la palette.

Dédaigné, insulté, conspué par le monde officiel des arts et par la critique pendant la plus grande partie de sa vie, Manet n'en a pas moins fini par obtenir les récompenses dues à son mérite. Si le *Portrait de M. Antonin Proust*, œuvre sage, d'une correction relative et d'aspect agréable, ne lui permit pas de réunir, au Salon de 1880, un nombre suffisant de suffrages, le jury qui désirait dédommager de ses longs déboires un artiste dont il n'était pas permis de méconnaître plus longtemps la haute valeur, se prononça l'année suivante en sa faveur : Manet obtint une médaille de seconde classe, avec un portrait d'*Henri Rochefort* et un autre du tueur de lions *Pertuiset* où la fameuse théorie des ombres violettes était exposée sans ménagement. Le 31 décembre de la même année, Édouard Manet était enfin armé chevalier de l'ordre de la Légion d'honneur, par M. A, Proust, ministre des Beaux-Arts.

Le pauvre artiste, si vaillant dans la lutte, aimable et charmant homme à qui l'on pardonnait volontiers l'esprit le plus incisif, ne jouit pas longtemps de son triomphe. Il mourut le 30 avril 1883 à la suite d'une amputation de la jambe nécessitée par une maladie de la moelle épinière qui avait déterminé la gangrène. Sans avoir pris la valeur excessive que la naïveté des amateurs et l'adresse dès marchands ont introduite dans le commerce des tableaux, ses œuvres se vendent aujourd'hui à un prix raisonnable. Une bonne toile de Manet atteint et dépasse facilement dix mille francs ; de son vivant il n'a jamais récolté le fruit de son travail ; d'ailleurs il avait une certaine aisance qui le sauva des basses besognes auxquelles bien des hommes de son mérite ont dû recourir pour vivre en attendant l'heure de la justice.

Henri-Georges-Alexandre Regnault, qu'une balle prussienne étendit mort, le 19 janvier 1871, était né à Paris le 31 octobre 1843.

Il était le second fils d'un homme éminent, l'une des gloires scientifiques de notre pays, M. Victor Regnault, professeur au Collège de France et à l'École polytechnique, directeur de la Manufacture nationale de Sèvres, membre de l'Académie des sciences.

On peut dire de Henri Regnault qu'il commença à dessiner avant de savoir lire. Ses premiers dessins, conservés pieusement par sa famille et ses amis, remontent à 1847. Dans ces essais timides d'un enfant de trois ans, il ne faut voir que ce qu'il y a : une aptitude étonnante à saisir le mouvement, la silhouette des êtres ou des choses, en un mot, une mémoire de la vue déjà bien développée et qui n'attend qu'une chose, l'éducation et l'assouplissement de la main, pour s'exprimer hardiment. L'enfant essayait de dessiner tout ce qui frappait ses regards : les fleurs du jardin du Luxembourg où il prenait ses ébats, les petits bateaux qui flottaient sur la pièce d'eau ; puis, un peu plus tard, les modèles animés, plus fuyants, plus difficiles à saisir, notamment un mouton et une chèvre que son père élevait dans le jardin du Collège de France comme sujets d'expérience, quand il écrivait son travail sur la *Respiration des animaux*. « Mais, dit M. Baillière [1], l'animal qui l'attirait le plus, c'était le cheval ; il avait pris l'habitude de forcer sa bonne, qui, dans la rue, le tenait par la main, à s'arrêter avec lui

---

1. *Henri Regnault*, in-8°; chez Didier et Cⁱ⁰.

devant un cheval : il regardait, il étudiait et, rentré chez son père, il passait sa journée à dessiner de mémoire tout ce qui avait frappé ses yeux et son esprit.

Dès l'âge le plus tendre, Regnault sut voir vite et juste, c'est-à-dire qu'il eut la faculté capitale du peintre. Un jour, chez Troyon, qu'il était allé visiter avec un parent, l'enfant, — il avait alors huit ou neuf ans, — regarda dans l'atelier du peintre un de ces vigoureux tableaux d'animaux qui ont immortalisé son nom. Il l'examina avec attention et, tout à coup, il dit à l'artiste: « Dites donc, Troyon, voilà un bœuf qui ne se tient pas debout. — Comment! fit le peintre en riant, tu veux me donner une leçon? — Non, pas à vous, mais à votre bœuf qui ne se tient pas droit. » Troyon regarda de plus près, reconnut la justesse de l'observation et en fit son profit.

Toutes les manières de figurer, de reproduire les objets tentaient sa jeune imagination: si le crayon et les couleurs ne chômaient pas entre ses mains, il voulut aussi pétrir l'argile. On connaît de lui une œuvre de sculpture faite à l'âge de douze ans. C'est l'image d'un cheval; elle figura longtemps dans le salon de son père, au Collège de France.

Il ne faudrait pas croire cependant que la passion dominante du jeune Regnault ait porté un préjudice grave à ses études classiques, comme il arrive si souvent chez les enfants qui accusent hautement une vocation artisque. Il fit d'excellentes études au lycée Napoléon, et devint même un latiniste assez remarquable; il aimait particulièrement les vers latins. Mais sa prédilection pour le dessin ne laissait pas une occasion de se montrer: ses dictionnaires et ceux de ses condisciples étaient illustrés de croquis de toute sorte. Avait-il à étudier un sujet d'histoire, il ne manquait pas de dessiner la scène.

Épris de la poésie latine, Henri Regnault ne tarda pas à reporter son affection vers les poètes français, et surtout vers ceux qui plaisent le plus à la jeunesse. Il illustra de dessins, vers 1859, un André Chénier et un Alfred de Musset. Ce doivent être là aujourd'hui des bijoux inestimables pour un bibliophile.

« Nature exubérante et pleine d'imagination, a écrit un de ses condisciples, M. le Dr Ernest Lafont, Henri était, à quatorze ans, comme

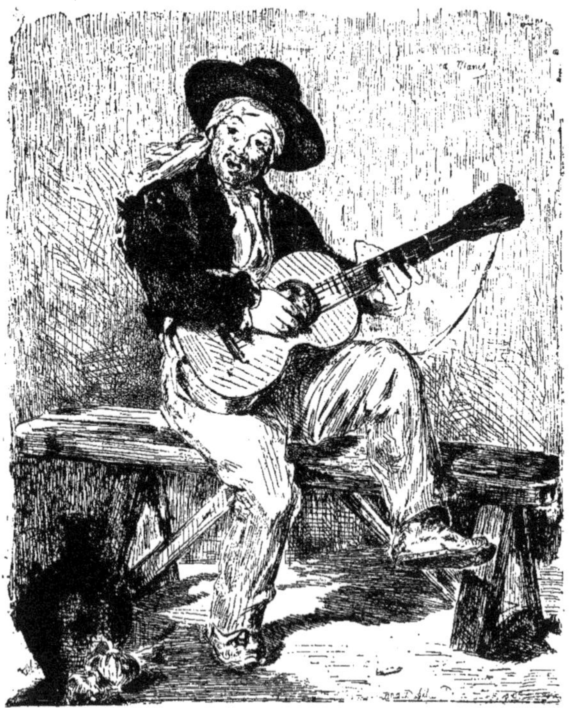

LE GUITARERO, FAC-SIMILÉ DE L'EAU-FORTE DE MANET, D'APRÈS SON TABLEAU.

Chérubin; il aimait toutes les femmes, et ne se faisait point tirer l'oreille pour composer des sonnets amoureux. Il récitait, du reste, fort bien les vers, avec beaucoup de sentiment et de charme. »

Henri Regnault sortit du lycée en 1861, et devint immédiatement élève de l'École des Beaux-Arts. Déjà il avait reçu des conseils de Troyon, d'Hippolyte Flandrin, et de quelques maîtres moins glorieux. De l'atelier de M. Louis Lamothe, il passa, en 1865, dans celui de M. Cabanel. Aucun de ces professeurs, si éminents qu'ils soient, ne peut revendiquer l'honneur d'avoir formé Regnault. Si l'on en excepte les notions purement techniques, Regnault n'a reçu de leçons que de la nature dont il faisait une étude constante; il s'est formé lui-même.

A l'École, il eut plusieurs concours malheureux pour le prix de Rome; son génie personnel et original s'insurgeait trop vivement contre l'enseignement classique pour qu'il pût facilement remporter des palmes d'école. Cependant il ressentit vivement l'échec qui accueillit ses tableaux de concours (1862 et 1865) : *Véturie aux pieds de Coriolan,* et *Orphée au tombeau d'Eurydice ;* c'est même pour cette raison qu'il mit un intervalle de trois ans entre les deux tentatives. Entre temps, il avait exposé au Salon divers portraits qui attirèrent l'attention, et de nombreuses études d'animaux d'après nature.

Enfin, il se présenta pour la troisième fois en 1866, et remporta le prix avec son tableau : *Thétis apporte à Achille les armes forgées par Vulcain.* Le bouillant artiste s'était amendé; il avait, comme on dit, mis de l'eau dans son vin; cependant son individualité éclatante perçait sous les dehors de peintre bien intentionné qu'il avait pris pour amadouer ses juges. Il faillit pourtant renoncer au concours : le sujet donné ne l'inspirait pas. « Un soir, a raconté M. Timbal, chez un de ses amis, il rencontre une jeune femme d'une beauté rare et étrange, douée d'une merveilleuse aptitude pour la musique : Regnault était lui-même excellent musicien... Cette soirée passée dans les plus grandes jouissances de l'art lui fit une impression profonde. Le lendemain il court à sa loge : sa tête est en feu, un souvenir le possède; il bouleverse son tableau, le retourne dans le sens de la largeur; il ne reste plus que quinze jours, mais que lui importe? il a le temps nécessaire puisqu'il sait maintenant ce qu'il veut, l'exécution n'arrêtera pas sa main, et, le soir même, rencontrant un de ses amis, il se jette

dans ses bras : « J'aurai le prix, s'écrie-t-il, je le tiens, je viens de
« commencer mon tableau ! »

Regnault ne se trompait pas, il eut le prix. Les deux figures d'Achille
et de Patrocle n'étaient guère que de bonnes études académiques, mais
elles firent passer les hardiesses de la figure de Thétis ; l'artiste
avait paré, avec le goût le plus raffiné, de toutes les séductions que
son imagination surchauffée prêtait à la belle musicienne, sa nymphe
Égérie, son inspiratrice.

Les beautés artistiques de la Ville éternelle n'excitèrent chez Henri
Regnault qu'un enthousiasme médiocre : il admira vivement les grands
maîtres, Raphaël, et surtout Michel-Ange, qui lui inspirait, disait-il,
une sorte de terreur; mais son idéal à lui n'était pas de s'enfoncer
dans le passé, si brillant qu'il fût; il lui fallait marcher en avant, les
yeux fixés, non pas sur les œuvres des hommes, mais sur leur source
éternelle et toujours pure, la nature. Il fit peu d'études dans les
musées, mais on le rencontrait toujours dans les rues ou dans la
campagne de Rome, croquant sur le vif tout ce qui s'offrait à ses
regards : gens et bêtes, un bout de ciel curieusement découpé par la
silhouette de palais ou de masures, un coin de paysage.

Son envoi au Salon de 1867 consista seulement en deux panneaux
décoratifs, peints en collaboration avec ses amis MM. Georges Clairin
et Édouard Blanchard. Il se préparait à parcourir le nord de l'Italie,
quand l'École française fut licenciée, parce que le choléra sévissait à
Rome. Regnault revint à Paris. C'était le moment de l'Exposition
universelle : il en profita pour faire de longues visites aux diverses
sections d'ouvrages exposés, mais particulièrement aux salles qui con-
tenaient les produits de l'Orient. Comme Delacroix, comme Marilhat,
Decamps et tant d'autres peintres épris de la lumière, l'Orient l'attirait,
le fascinait; il en sentait vivement la poésie, et son génie, naissant
encore, lui soufflait qu'il trouverait là la réalisation de ses rêves, et le
cadre où toutes ses facultés pourraient se développer à l'aise.

Vers la fin de 1867, Regnault retourna en Italie. Il profita de son
nouveau séjour à Rome, pour dessiner toute une série de vignettes

charmantes destinées à illustrer un livre de M. Francis Wey : ce qu'il aima surtout à reproduire, ce sont moins les ruines imposantes qui racontent l'antique splendeur de la capitale des césars et des papes, que les scènes pittoresques de la rue, les longues files de séminaristes, les femmes du Transtévère et les épisodes journaliers de la vie populaire.

L'année suivante, Regnault envoya au Salon un portrait de femme qui fit grand bruit dans le monde des artistes. Nous avons encore présent au regard cette grande dame tout de rouge habillée, s'enlevant sur un fond écarlate. Le jeune artiste s'exerçait déjà à ces harmonies de tons, obtenus d'une même couleur qui est comme la base fondamentale de l'œuvre, ce qui les a fait comparer, par Théophile Gautier, à des symphonies picturales : symphonie en rouge, ce portrait de Mᵐᵉ Duparc, comme la *Salomé* allait être une symphonie en jaune majeur.

L'envoi fait par Regnault à l'École des Beaux-Arts, en 1868, n'était pas moins remarquable : c'est une figure d'homme nu conduisant ou plutôt cherchant à maîtriser deux chevaux fougueux. En digne pensionnaire de l'École, Regnault avait baptisé cette figure du nom d'Automédon, le conducteur des chevaux d'Achille. Le titre seul était grec dans cette vigoureuse peinture.

« Un élève ordinaire, écrivit Paul de Saint-Victor, aurait traduit en poncif académique ce thème homérique : Regnault en fit une forte et violente étude, mélangée de réalité et de style. Ce beau début rappelait les premiers essais d'Eugène Delacroix. A un degré inégal, c'était la même imagination de dessin, la même couleur remuante et vivante, le même mélange d'ardeur et d'aplomb dans le maniement du pinceau... Les fautes mêmes n'étaient que les écarts de la force en verve. Un maître futur perçait avec éclat sous cette étude d'écolier. »

Cependant Regnault était fatigué de l'Italie ; il lui tardait de voir enfin les pays où son imagination se complaisait ; à la fin de 1868, il partit pour l'Espagne.

Peu de temps après, son portefeuille était déjà garni de dessins et

de merveilleuses aquarelles, enlevées avec une verve inimitable à
Burgos, à Avila et à Madrid. La révolution qui renversa la reine Isabelle
vint surprendre l'artiste au milieu de ses travaux. Esprit ardent et

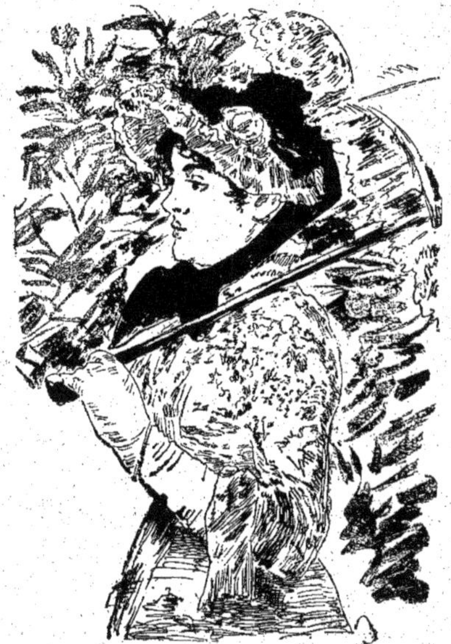

JEANNE, PAR ÉD. MANET.
(Dessin de l'artiste d'après son tableau. — Salon de 1882.)

généreux, il crut sincèrement à la régénération possible de l'Espagne
sous un gouvernement républicain. Si grande était sa naïveté qu'il crut
même à Prim, le vainqueur d'Alcolea, et se prit d'un bel enthousiasme
pour ce brillant général. En véritable artiste qu'il était, il ne vit dans
cet ambitieux sans vergogne, que les dehors plastiques, les caractères
extérieurs qui, il faut le reconnaître, étaient éminemment pittoresques.
Ch. II. — t. II.   40

On a vu, au Salon de 1869, le superbe portrait de Prim à cheval. Sachons gré au général d'avoir été assez mauvais juge en peinture pour refuser le tableau qu'il avait commandé à Regnault, sous prétexte que le peintre l'avait représenté dans une tenue négligée au milieu de gens de mauvaise mine; nous lui devons de posséder ce tableau au musée du Louvre.

M. Timbal a raconté cette curieuse histoire : voici quelques-uns des détails de sa narration :

« Le portrait du général Prim était à peu près terminé : mais il fallait une séance pour donner au visage du modèle, lequel n'avait jamais voulu poser, cette dernière touche qui détermine la ressemblance et l'achève. Le général se décida à venir visiter l'atelier de Regnault avec sa femme et son fils; il entre et une exclamation de déplaisir s'échappe de ses lèvres : — « Qu'est-ce que cela ? » Il avait à peine entrevu l'œuvre que déjà il l'avait condamnée en prenant un ton qui cherchait évidemment à être blessant : — « Il avait vingt ans de trop, — il était jaune, — il avait l'air d'avoir peur, — quoi! pas de chapeau ! — Pourquoi cette chevelure en désordre? — Quel manque de tenue et de dignité! — Je suis très mécontent. »

Regnault garda son tableau : *Juan Prim* parut au Salon de 1869, et fut récompensé d'une médaille. Un autre portrait, celui de *Mme la comtesse de Bark*, y était également exposé; il est également entré au musée du Louvre.

En Espagne, Regnault rencontra les peintres qui pouvaient impressionner sa nature : Velasquez et Goya. Il s'y lia d'amitié avec un artiste de grand talent, éclatant et original comme lui, et comme lui mort dans toute la force de la jeunesse : le peintre Fortuny.

En 1869, Regnault, toujours pensionnaire de l'École, lui devait un tableau, suivant le règlement : il envoya *Judith et Holopherne*.

La figure de Judith excita particulièrement l'admiration du public et de la critique d'art. « C'est elle, écrivait Théophile Silvestre, qui est tout le tableau. Qui fait l'adorable brutalité de ce type sauvage? — L'ombre profonde de sa chevelure aux reflets bleus, drue et jaillissante par nappes, une véritable *crinière* tragique? — La lumière vague où les paupières sont noyées par le rayonnement fauve des yeux indécis? — La rigidité des traits de la face? — La matité étincelante de la poi-

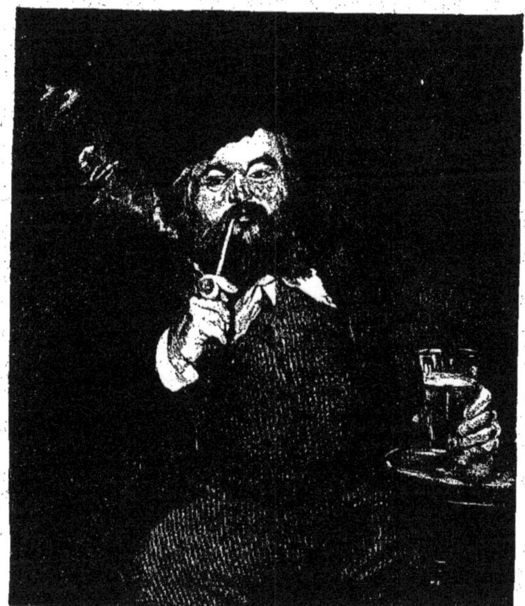

LE BON BOCK, PAR ED. MANET.

trine implacablement froide? — L'amoncellement de bijoux multico-lores et de tissus métalliques autour de ce corps nerveux et brun?

« Un peu de tout cela, sans doute, et plus que tout cela, ce que la volonté du peintre laisse de son âme et de sa pensée vivante dans l'œuvre qu'il a animée. Et ne l'a-t-il pas bien comprise, cette figure légendaire de la trahison féminine, Judith, cette sœur de Dalila, fille de la race où les hommes adoraient l'or et les femmes le sang? »

Nous arrivons à *Salomé*, au chef-d'œuvre de Regnault : la belle gravure que nous en avons donnée en dira plus que toutes les descriptions, mais nous ne pouvons résister au désir de citer quelques-unes des lignes que Paul Mantz a consacrées à ce tableau dans la *Gazette des Beaux-Arts*. « Le problème, dit cet éminent critique d'art, ici, était à la fois d'enlever des carnations qui restent lumineuses sur ce fond d'une implacable splendeur, et de marier sans brutalité le noir absolu des cheveux à toutes les clartés ambiantes. Regnault y est parvenu : sans amoindrir l'effet de contraste, qui est la moitié de son tableau, il l'a noyé de tons rompus, de nuances atténuées qui maintiennent l'accord dans ce concert de sonorités. Des gazes transparentes qu'illuminent des reflets d'or, les roses tournant au jaune, passent çà et là sur les chairs et les relient par des finesses exquises à la brillante étoffe qui tapisse le fond... Partout, d'ailleurs, l'exécution savante et souple est incomparable ; ce que les profanes ont pu dire devant ce tableau, nous l'ignorons, mais nous savons qu'il a été, qu'il sera toujours la joie des coloristes. »

Du sujet lui-même nous avons peu de chose à dire ; tout le monde sait l'histoire de la sanguinaire fille d'Hérode. Regnault nous l'a dépeinte au moment où va avoir lieu la décollation de saint Jean-Baptiste. Les narines dilatées, les yeux noyés dans une joie cruelle, Salomé tient en main le couteau qui tranchera la tête du saint, et le bassin de métal dans lequel elle apportera cette sanglante dépouille à sa mère.

Salomé, on ne l'a pas oublié, fit grande sensation au Salon de 1870. Vendu d'abord par Regnault pour la somme de 14,000 francs, le tableau passa dans la collection de Mme de Cassin qui en a, dit-on, refusé depuis la bagatelle de 150,000 francs. Il vaut mieux que cela, puisque la mort du peintre en a fait une œuvre d'art unique dans son genre.

Le dernier envoi de Rome fait par Regnault est une copie du

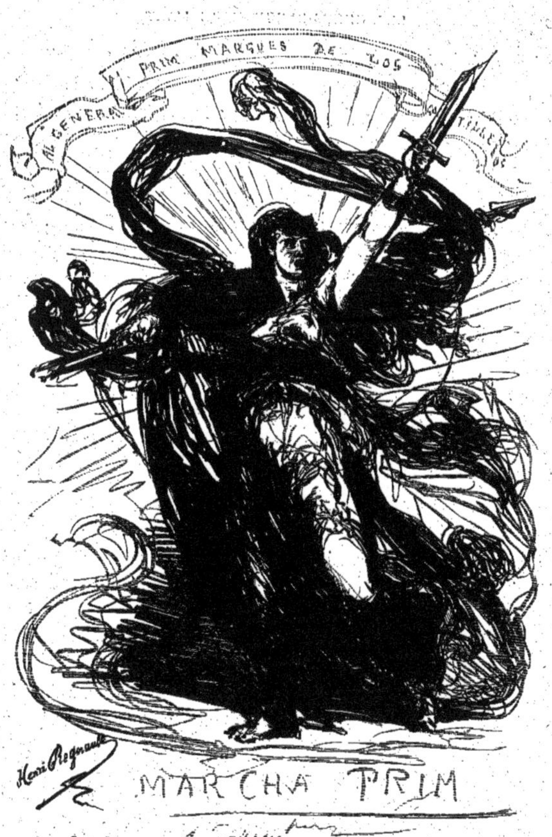

ALLÉGORIE DÉDIÉE AU MARÉCHAL PRIM, D'APRÈS UN DESSIN
DE H. REGNAULT.

tableau de la *Reddition de Bréda*, par Velasquez; pendant son séjour en Espagne et au Maroc, il fit en outre un nombre considérable de dessins et d'aquarelles et plusieurs tableaux : la *Sentinelle marocaine*, le *Départ pour la Fantasia à Tanger*, enfin l'*Exécution sans jugement sous les rois Maures de Grenade*, dont voici la description. « Debout à l'entrée d'un palais mauresque, un bourreau aux carnations bronzées, à la longue tunique rose, vient d'accomplir sa sinistre besogne. A ses pieds gît, dans cette attitude compassée et gauche qui contracte, dit-on, les membres des décapités, le cadavre d'un personnage somptueusement vêtu. La tête a roulé, exsangue et livide, sur les premières marches de l'escalier; une large flaque de sang vermeil s'étale sur les dalles blanches. Le bourreau, infiniment sérieux et satisfait d'avoir accompli son rôle selon les règles de l'art, essuie tranquillement au pan de sa robe la lame de son yatagan. »

Le dernier tableau de Regnault, son chant du cygne, c'est la *Sortie du Pacha à Tanger*, toile inachevée où il y a des parties merveilleusement terminées et d'autres à peine indiquées d'une touche alerte et spirituelle.

Nous arrivons, et ce n'est pas sans un serrement de cœur, au dénoûment de l'existence si courte et si brillante du malheureux artiste.

Les premiers bruits de guerre vinrent surprendre Regnault en pleine fièvre de travail, dans son atelier de Tanger :

« Laissez donc mon frère aller à son poste, écrivait-il à son père. Je voudrais bien y être aussi, et si les choses vont mal, je n'y serai pas le dernier. En somme, on en revient. Toute tête en ligne n'est pas abattue. Il faut avoir foi dans son étoile. »

Regnault, prix de Rome, était dispensé du service militaire, mais, en apprenant le désastre de Sedan, il comprit que le devoir n'admet pas d'exemption : il accourut au secours de la patrie en danger.

Arrivé le 10 septembre, il s'engagea dans le corps des éclaireurs Lafont et Mocquard : il en sortit bientôt pour donner satisfaction à de tendres sollicitudes, mais à la condition de rejoindre un ami dans les compagnies de guerre de la garde nationale : il s'enrôla dans la 2ᵉ compagnie du 69ᵉ bataillon.

A la fin du siège, alors que la famine commençait à décimer la population, — famine plus meurtrière encore que les projectiles de l'ennemi, — Regnault espérait encore. Le 15 janvier 1871, il écrivait :

« Nous avons perdu des hommes et beaucoup ; il faut en refaire et les faire meilleurs et plus forts. Que chaque citoyen donne l'exemple : la vie pour soi seul n'est plus permise, l'égoïsme doit finir et emporter avec lui cette fatale manie de mépriser ce qui est honnête et bon. Hier encore, il était d'usage de ne croire à rien ou de ne croire qu'à l'immoralité, aux droits de toutes les passions mauvaises... Aujourd'hui la République nous commande à tous une vie pure, honorable, sérieuse. Tous nous devons payer à la patrie le tribut de notre corps et de notre âme. Le bien que l'un et l'autre peuvent produire, nous devons le lui offrir sans réserve. Toutes nos forces doivent concourir au bien de la grande famille, en pratiquant nous-mêmes et en développant chez les autres les sentiments de l'honneur et l'amour du travail. »

C'est le jeudi 19 janvier 1871 que H. Regnault tomba sur le champ de bataille de Buzenval, dans le suprême effort de Paris pour sauver l'honneur des armes.

« Il se trouvait, dit M. H. Baillière, avec son bataillon, devant ce maudit mur du parc qui devait arrêter trop longtemps notre colonne de droite. Toute la journée il demeura à deux cents pas du mur, sans pouvoir tirer un coup de fusil, car l'ennemi ne se montrait pas. Vers quatre heures et demi, alors que tout espoir d'enlever la position était perdu, la retraite sonna ; les gardes nationaux descendirent la colline en se repliant : Regnault ne bougea pas. Un de ses camarades courut à lui, lui disant de partir. « J'ai mis dans ma tête de ne revenir qu'a- « près avoir tué un Prussien, dit Regnault ; je reste. »

« Hélas ! il ne devait plus revenir !

« Le lendemain, vers cinq heures du soir, un ambulancier, explorant le champ de bataille, remarqua dans une allée un soldat couché, la face contre terre; espérant qu'il n'était qu'évanoui, il retourna le corps : le corps était froid, le visage meurtri était plaqué d'un masque de feuilles humides. Il ouvrit la capote de drap marron que portaient les gardes de ce bataillon, et lut sur une carte cousue à la doublure :

REGNAULT, PEINTRE

FILS DE REGNAULT (de l'Institut)

et au-dessous une adresse. »

Une balle prussienne avait atteint Henri Regnault à la tête, au-dessous de l'œil, près du nez. La mort avait dû être instantanée.

Les funérailles de Henri Regnault eurent lieu le 28 janvier à l'église Saint-Augustin.

Tout ce que Paris comptait alors d'hommes célèbres dans les lettres, les sciences et les arts avait tenu à honneur d'y assister.

Une foule considérable se pressait aux abords de l'église, désireuse de rendre un dernier hommage à ce jeune homme qui venait de succomber glorieusement en défendant son pays, après l'avoir honoré par des œuvres impérissables.

ALFRED DE LOSTALOT.

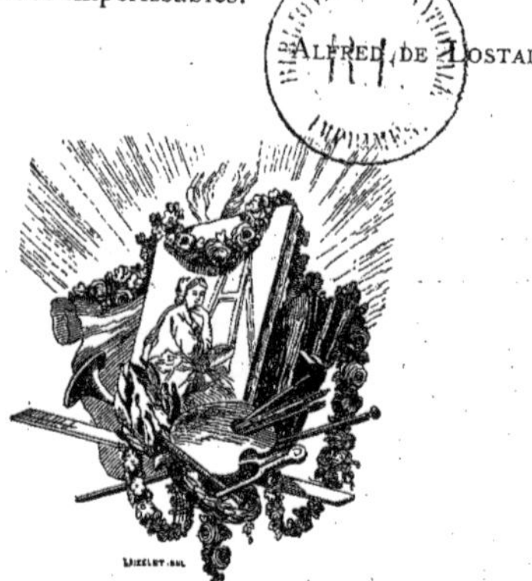

TABLE DES GRAVURES

FIN DE LA TABLE DES GRAVURES

TABLE DES PLANCHES HORS TEXTE

Sceaux. — Imprimerie Charaire et fils.